Nuevas direcciones en políticas culturales

Guido Ferilli y Pier Luigi Sacco

Nuevas direcciones en políticas culturales
Distritos culturales sistémicos

Traducción de Juan José Gómez

DOBLE J

Edita: Editorial Doble J
C/ Brasil 11, 2º izda.
41013 Sevilla, España
www.editorialdoblej.es
editorialdoblej@editorialdoblej.es
ISBN: 978- 84-96875-23-4

Índice

Introducción

La cultura está asumiendo un papel cada vez más importante en los procesos de creación de valor, ante los cambios en las características del consumidor y de la relación entre consumo y bienestar individual. Las sociedades industriales mantenían una relación estática entre identidad individual y social, acrítica respecto a los modelos culturales de referencia. Por el contrario, la mayor elasticidad de la estructura social en las sociedades postindustriales da lugar a modos de vida, preferencias, necesidades y dinámicas de interacción social cada vez más autónomos y cambiantes. Los individuos pueden expresarse libremente para alcanzar su bienestar personal, también en el ámbito del consumo, donde se buscan cada vez más bienes de valencia cultural, es decir, que fortalezcan la identidad personal y reafirmen la posición y el papel del individuo en el mundo.

En las sociedades postindustriales, el acceso a una mayor riqueza ha convertido en obsoletos los modelos de desarrollo ligados a la lógica de la supervivencia. En efecto, el crecimiento se valora de manera diversa cuando se alcanza cierto nivel de bienestar, concediendo cada vez más importancia a los indicadores menos materiales y, una vez se ha adquirido una cierta dotación de capital cultural, identitario y simbólico, las experiencias culturales individuales y sociales activan mecanismos de sostenibilidad de la oferta de nuevas dimensiones de consumo y producción, mediante un proceso de adquisición de capacidades y conocimientos. Es decir: la experiencia cultural permite a los individuos desarrollar nuevas habilidades que implican la necesidad de ampliar su gama de productos de consumo. Este círculo virtuoso favorece un proceso de renovación continua de los bienes de consumo y de la demanda mediantre el cual el consumidor solicita cada vez más productos y servicios nuevos, en los que es fundamental el componente creativo e innovador.

La capacidad de los individuos de desarrollar modelos identitarios y culturales autónomos se refleja en la capacidad productiva de un territorio, que evoluciona de productor de bienes y servicios a productor de modelos identitarios, hasta que su atractivo acaba dependiendo de la capacidad de ofrecer un componente inmaterial más que material (capital físico, natural), como ocurre en muchos países (por ejemplo los del norte de Europa), que han desarrollado modelos de crecimiento endógeno basados en el componente inmaterial de la oferta cultural.

Este nuevo modelo de desarrollo del territorio, espontáneo o inducido, ha proporcionado en los últimos años un fértil campo de investigación multidisciplinar a urbanistas, arquitectos, economistas, antropólogos, geógrafos, etc. En general, se constata que los elementos que contribuyen al éxito económico de un territorio siempre son suministrados por la correlación entre producción y sistema social o entorno. La competitividad de la oferta siempre depende del contexto en el que tiene lugar y sobre el que puede influir. En otras palabras: el crecimiento de un territorio depende de un proceso de distrificación, de concentración geográfica de varios elementos endógenos y exógenos del entorno material y social que colaboran entre sí para colocarlo en situación competitiva.

De este modo, la relación entre economía, sociedad y territorio aparece como un sistema complejo capaz de generar crecimiento y desarrollo. Es cada vez más evidente que, en las sociedades postindustriales, la competitividad ya no tiene lugar entre agentes individuales, sino entre sistemas territoriales en los cuales el desarrollo orgánico de los elementos materiales e inmateriales es una condición necesaria del crecimiento competitivo del sistema, de su capacidad de atraer recursos del exterior y del modo en que el concepto de valor mismo asume nuevas connotaciones como clave estratégica del desarrollo territorial.

1. ¿Puede fomentar la cultura el desarrollo económico? Algunos comentarios sobre Italia

Recientemente se ha retomado con mucha intensidad el debate sobre la sostenibilidad y la promoción del patrimonio cultural italiano, tras un periodo relativamente soñoliento causado por el espejismo de los llamados «yacimientos culturales».

Ciertas leyendas urbanas de poco crédito –a veces sorprendentemente propagadas por los «expertos»– asignan a Italia una parte descomunal del patrimonio cultural mundial basándose en estadísticas de la UNESCO que, por supuesto, no existen; pero sí se toman como evidencia de que Italia disfruta de un potencial competitivo sustancial en cultura que debería explotarse con efectos milagrosos sobre la economía nacional. A parte de lo absurdo de tales leyendas (¿cómo puede definirse y determinar el acervo cultural mundial y, lo que es más, dividirlo en porcentajes, siendo algo tan heterogéneo e incluyendo todo tipo de objetos tangibles, además de prácticas y actividades intangibles?), ahora toma cuerpo y se extiende la creencia de que Italia puede adoptar un modelo económico de especialización cultural. Incluso desechando tales leyendas extravagantes sobre la riqueza cultural del país, hay razones suficientes para creer que Italia puede emplear su variado e impresionante legado para obtener ventajas competitivas prácticas basadas en la cultura. Pero cuando alguien intenta comprender cómo y por qué, todo esto se difumina en vaguedades y oscuridades sin base empírica o fáctica. Se dice que la clave está en hacer que el vasto patrimonio cultural italiano sea mucho más rentable de lo que es. Pero ¿es de verdad posible hacer que el patrimonio sea rentable? Las clasificaciones de los sectores creativos más empleadas, entre las que se encuentran el Informe Figel (véase KEA, 2006), sobre su relevancia económica, sitúa el patrimonio en el segmento menos orientado al mercado y, por tanto, el menos rentable (aunque sea histórica y estratégicamente crucial) de todo el conjunto de actividades culturales y creativas. Suelen ser necesarias grandes inversiones para conseguir que partes del patrimonio, como los edificios históricos, se conviertan en económicamente activas; a menudo estas inversiones tardan décadas en recuperarse y, cuanto más sea así, más debe adecuarse su uso a parámetros muy sensibles de calidad cultural, descartando su uso para formas de entretenimiento más desenfadadas y mundanas, aunque puedan atraer en tropel a la clientela. Desde la perspectiva de la iniciativa privada es difícil que algo así se considere viable, y no digamos una oportunidad de hacer negocio.

No obstante existen otros sectores culturales y creativos económicamente rentables, como demuestra el Informe Figel, y capaces de aspirar a formar parte de la columna vertebral de la economía europea (y no solo de ella). Pero de momento no está claro que Italia se encuentre en una posición de liderazgo respecto a ellos. A pesar de todo, quienes abogan por las virtudes económicas del patrimonio todavía creen contar con un arma secreta: el patrocinador, el «sponsor» o, en su encarnación más mítica, el Mecenas: un filántropo ilustrado que, movido por razones misteriosas, desee aportar grandes cantidades de dinero para asegurar la viabilidad futura del esplendor cultural de Italia. Él o ella están ahí fuera, en algún lugar, y solo hay que encontrarlos. Aún no se ha manifestado su presencia debido a los escasos incentivos fiscales y a la probada incompetencia de los responsables culturales.

En realidad, la restauración del patrimonio arquitectónico es una tarea muy costosa desde el principio, por no mencionar su mantenimiento, y aunque puedan existir filántropos que deseen contribuir, no es probable que podamos contar con ellos como norma y por sistema. Presentar el mecenazgo como base de la sostenibilidad económica del patrimonio cultural quizá sirva de argumento retórico en algunos casos, pero eso es todo.

Entonces, ¿deberíamos descartar la cultura como motor de crecimiento o desarrollo? En realidad no, Las conclusiones del Informe Figel confieren a los sectores culturales y creativos van a tener un papel importante en el escenario postindustrial que se está configurando, siempre y cuando se sustenten en políticas consistentes y en una nueva ola de talento emprendedor y creativo. También se ha demostrado que la cultura tiene mucho que decir en los proyectos de renovación urbana y los procesos de desarrollo local correspondientes, como por ejemplo el famoso –y a veces absurda o equivocadamente entendido– caso del Museo Guggenheim de Bilbao. Pero no se trata solo de abrir nuevas instalaciones culturales. Se dice que una de las mejores maneras de recuperar áreas urbanas deprimidas para nuevas formas de uso social es animar a los artistas a asentarse en ellas y permitirles transformarlas en vecindarios de moda, vibrantes y estimulantes donde los profesionales deseen instalarse, las inmobiliarias se mueran por invertir y los comerciantes abran negocios. Cuando los precios de los inmuebles se ajusten a la nueva situación, tanto los residentes autóctonos como los propios artistas tendrán que marcharse, estos últimos a una nueva zona que haya de ser redimida y, por tanto, ofrezca lugares baratos para vivir y trabajar, para que el juego empiece de nuevo. Se trata de una dinámica cada vez más extendida, donde la cultura adquiere un papel ambiguo y discutible con relación al desarrollo local. Lo que es bueno para inmobiliarias y profesionales con altos ingresos no tiene por qué serlo para los residentes más pobres. Además resulta irónico que los intelectuales, a menudo tan críticos con las estructuras sociales de poder, tiendan a convertirse, sin saberlo y sin quererlo, en uno de los caballos de Troya favoritos de la especulación inmobiliaria.

¿Es esto todo en cuanto a la contribución de la cultura al desarrollo económico? Si no lo es ¿de verdad es posible que un país como Italia que, como se ha dicho, se ha distinguido hasta ahora por promover un debate público confuso y desencaminado sobre el tema, sea la cuna de nuevos desarrollos conceptuales en este campo? La respuesta a la primera pregunta es no y, paradójicamente, la respuesta a la segunda pregunta es sí. A pesar de la alocada opinión de muchos funcionarios y políticos, que fanfarronean de estadísticas imaginarias y modelos de negocio aún más extravagantes, Italia ha desarrollado recientemente varias líneas de investigación académica que están iluminando la relación entre cultura y desarrollo local de un nuevo modo, aunque no se hayan puesto en práctica hasta hace poco. Ahora la situación está cambiando drásticamente y algunos lugares de Italia pueden convertirse pronto en interesantes laboratorios de políticas avanzadas de desarrollo local estimulado por la cultura. El capítulo siguiente ofrece un resumen crítico de las aproximaciones teóricas a la cuestión y una síntesis, basada en ejemplos concretos, que articule las aportaciones del debate italiano e internacional y desarrolle una nueva perspectiva sobre el papel económico de la cultura en un contexto postindustrial.

2. Una lección a partir del caso italiano: el círculo virtuoso de la competencia en la industria alimentaria y vinícola (y su falta en las industrias culturales)

La evolución de la industria alimentaria y vinícola de calidad en Italia es un claro ejemplo de cómo la cultura incentiva modelos innovadores de desarrollo local. Aunque no se trate de un ejemplo tomado de los sectores creativos y culturales en sentido estricto, sí es caso paradigmático de un sector donde el valor añadido intangible tiene un papel fundamental. Por tanto, es un sector en proceso de «culturización». Además, en la industria alimentaria y vinícola italiana se ha manifestado históricamente una clara dinámica de crecimiento endógeno que ejemplifica lo que los teóricos de sistemas complejos llaman «proceso sinérgico o autocatalizador» (véase Haken, 1983): una dinámica que se autoalimenta y conduce a nuevas dinámicas inalcanzables de otro modo.

En el caso de la industria alimentaria y vinícola, la variable crítica viene determinada por el nivel de competencia de la demanda, es decir: por la capacidad de los consumidores de discernir la calidad de ciertos alimentos o vinos y su disposición a pagar por ella. No se trata de un proceso lineal, sino que es el resultado de una interrelación compleja de reacciones positivas: que los consumidores sean más sofisticados incita a los mejores productores a incrementar la calidad y la variedad, brindando mayores posibilidades de elección, descubrimiento y emoción, aumentando la visibilidad social y la relevancia de nuevos y refinados patrones de consumo, generando mecanismos de influencia social que asocian nuevas formas de estatus y distinción social a estos patrones y ofreciendo así mayores incentivos para la adquisición de competencias por parte de la demanda. El proceso no puede reducirse a explicaciones causales simplistas y exige comprender el modo en que interaccionan los diversos condicionantes del contexto para hacer posible la emergencia de esta dinámica social en un momento determinado.

Pero ¿en qué sentido puede hablarse de la industria alimentaria y vinícola como representativa creadora de valor añadido intangible? Después de todo, hay pocos productos más tangibles que la comida y el vino, que además han sido pilares de muchas economías desde mucho antes del inicio de la Revolución Industrial, cuando los bienes tangibles eran mucho más importantes que los intangibles. Pero hay una diferencia cada vez mayor entre el mercado actual de productos alimenticios y vinícolas y el de hace solo dos décadas, que tiene que ver con el papel de la calidad. Tanto el vino bueno como el malo vienen de la uva; pero lo que distingue un vino de calidad de otro que no la tiene es la cantidad de conocimiento, destreza y experiencia empleadas, que implican procesos y prácticas de producción sutilmente diferentes, desde la elección de los insumos (y sus mezclas) y los equipos a la búsqueda de mejores entornos productivos y microclimas, etc. Lo que marca la diferencia es el componente de conocimiento, algo que se ha ignorado sistemáticamente por mucho tiempo en las regiones italianas que han estado históricamente a la cabeza de la industria, produciendo vino barato de baja calidad o empleado como producto intermedio de otros más sofisticados elaborados por vinateros de otras regiones o países. Además el componente de conocimiento ha evolucionado sustancialmente a medida que se consolidaba la dinámica social orientada a la calidad, empujando a los sistemas productivos locales a la creación de una cadena de valor completamente nueva. Obviamente, el aumento del capital humano de los productores debe ir acompañado de un incremento comparable del conocimiento del consumidor, que es justo lo que ocurre cuando aparece la dinámica social descrita arriba. Se podría decir lo mismo de otros componentes de valor añadido intangible, como por ejemplo el capital identitario social o cultural: los modelos relacionales asociados al consumo del buen vino son muy diferentes al viejo beber en la cantina, y lo mismo puede decirse de cómo encaja esta actividad en la construcción de la autopercepción de la identidad individual y social: las viejas formas de beber vino suelen asociarse al alcoholismo, la violencia doméstica y la marginación social, mientras que las nuevas tienen que ver más bien con la socialidad y los gustos sofisticados, el lujo y el turismo cultural, por señalar solo algunas de las conexiones más evidentes. Lo que marca la diferencia es el componente intangible y no la naturaleza del producto *per se*, cuya evolución es consecuencia directa de los efectos del primero sobre los hábitos de consumo y producción.

Esta dinámica no es específica del mercado de la alimentación y el vino. En principio es relevante para cualquier mercado donde tengan un papel fundamental la experiencia de los consumidores y de los productores para la elaboración y el disfrute del producto; es decir: es una dinámica característica de cualquier mercado cuyo impulso competitivo venga más determinado por los componentes intangibles de valor añadido que por los tangibles. Esto es precisamente lo que ocurre en los mercados basados en la creatividad.

Además es importante subrayar que estos mercados contradicen la máxima popular que predica el adaptarse en lo posible a los gustos predefinidos de los consumidores. En el fondo este saber convencional se funda en un argumento de preferencia revelada: el consumidor revela lo que quiere mediante su elección; de modo que, para vender (es decir, para inducir al consumo), hay que descubrir los factores *intrínsecos* que habitan en su mente y le incitan a comprar. La actividad de descubrimiento/experimentación queda básicamente del lado del productor, pues el consumidor ya sabe lo que quiere. Pero, cuando se trata de productos basados en la experiencia, el impulso de descubrimiento/experimentación es más bien propio de los consumidores, que no pueden saber a priori lo que les gusta y tienen que experimentar las diversas opciones o elecciones posibles, y desarrollar las competencias necesarias, para *aprender por experiencia* lo que verdaderamente quieren. Aunque la experiencia tiene un papel sustancial en la apreciación de un producto determinado, su impacto no pude evaluarse de antemano: si fuese así la no tendría ningún sentido ni valor real. La cultura es un ejemplo paradigmático, porque las experiencias culturales solo son interesantes si contienen componentes inesperados, es decir, si defraudan nuestras categorías preconcebidas de conocimiento y nos incitan a desarrollar otras nuevas.

Sin embargo, en el ámbito estrictamente cultural hay muchos casos en los que no aparece este círculo virtuoso de competencias. Basta fijarse en las elecciones reales de los consumidores para deducir que no están realmente interesados en cultura porque no compran accesos a experiencias culturales y prefieren pasar el tiempo en otras actividades. Pero ¿está realmente justificada esta inferencia? La respuesta es no, al menos cuando no podamos observar tales elecciones acompañadas de una base adecuada de competencia. No es extraño que la gente no demande poesía francesa si no sabe francés.

Lo extraño es que pensemos que no le interesa la poesía francesa *antes* de que se les ofrezca una verdadera oportunidad de saber de qué va. La dinámica social virtuosa que ha emergido en Italia en el ámbito de la alimentación y el vino, no ha tenido lugar allá donde se podría pensar que es su contexto natural, es decir, en la cultura. Las razones son varias: por una parte, los italianos siempre han mantenido una actitud bastante escéptica e irónica hacia la cultura, sobre todo la «alta cultura». Hay una escena muy famosa en una película que conocen todos los cinéfilos de Italia: esa donde el Sr. Fantozzi (un famoso personaje inventado por el actor Paolo Villaggio), un oscuro y frustrado oficinista, es obligado por su jefe a ver, junto a sus igualmente frustrados compañeros, en el cinefórum de la empresa, obras maestras emblemáticas del cine como *El acorazado Potemkin* de Eisenstein justo cuando Italia está jugando la final de campeonato del mundo de fútbol. La alternativa es clara: consumo cultural (insoportablemente tedioso) forzado y obligado, contra auténtica y honesta diversión (partidos de fútbol verdaderamente memorables). La escena alcanza el clímax cuando Fantozzi llega al límite máximo de autorrepresión y alienación, se rebela y grita la verdad impronunciada y de todos conocida: «¡*El acorazado Potemkin* es una mierda!». Las gran mayoría de la audiencia italiana llora de risa, porque el grito de Fantozzi les recuerda la famosa historia del traje nuevo del emperador: después de todo ¿a quién le puede gustar realmente esa película? Los italianos, incluso los bien educados, mantienen una actitud muy ambigua hacia la cultura: es algo de lo que quizá haya que estar orgulloso, pero no algo con lo que se puedan identificar sustancialmente.

Así que no debe sorprendernos que Italia presente niveles relativamente bajos de consumo cultural en comparación con Europa. Según el Eurobarómetro 2007 sobre valores culturales, el 49% de los italianos no participaban en ninguna actividad artística, en contraste con la media del 38% en la UE (y muy lejos de los líderes europeos, Suecia y Estonia, donde la tasa de no participación era, respectivamente, del 7% y del 13%), con los otros grandes países europeos por debajo de la media: 20% en Francia, 23% en Alemania y 26% en el Reino Unido. La estadística puede parece sorprendente si se piensa en la estrecha relación de la cultura con la imagen de Italia (cuando se pregunta a los italianos hasta qué punto la cultura es importante para sus vidas, más del 86% responde que es muy importante, exactamente igual que sus vecinos franceses, cuyos niveles de actividad cultural son, sin embargo, más del doble). En Italia, la cultura es más un mito que un hábito real para la mayoría de la población, algo con lo que está bien relacionarse, pero no implicarse. De modo que nos enfrentamos con la paradoja de un país que es una de las cunas universalmente reconocidas de la cultura humana, pero donde la cultura no ha llegado a convertirse en una actividad social relevante y ha fracasado en desarrollar esa dinámica social de círculos virtuosos de competencia que sí han surgido en campos análogos como la industria alimentaria y vinícola. Por eso el vino en particular es un laboratorio muy interesante para estudiar el desarrollo socioeconómico guiado por la cultura, sobre todo si tenemos en cuenta, como argumentan académicos y periodistas, que la cultura es uno de los vectores fundamentales del desarrollo económico futuro del país: a falta de una dinámica social que lo apoye, esto parece no ser más que un mero deseo.

De nuevo, sería ingenuo deducir de lo anterior que los italianos tiene poco interés por la cultura. Sin duda el Sr. Fantozzi y sus compañeros están furiosos con su jefe y creen que *El acorazado Potemkin* es una mierda. Seguramente dirían lo mismo de una botella de Château d'Yquem, sobre todo si se les dice el precio (la película *Fantozzi* es de 1975, cuando casi no existía la cultura popular del vino de calidad). Pero esto no tiene nada que ver con las verdaderas inclinaciones del Sr. Fantozzi: solo muestra que su base de experiencia es trágicamente limitada, tanto que le induce a llamar «mierda» a todo lo que no le resulte familiar. Este tipo de consumidor rechaza más bien lo que no conoce que lo que no quiere. Pero, una vez que se ha puesto de moda degustar vino, parece verosímil encontrar al protagonista de un *remake* actual del Sr. Fantozzi sentado en una vinería de moda, fingiendo ser un sofisticado sumiller. Lo importante no es la cultura del vino ni los gustos del Sr. Fantozzi, sino el contexto en el que tienen lugar esas experiencias. Por eso la clave está en crear las condiciones para que sean accesibles y tangibles; que al menos existan, aunque no se busquen necesariamente, y puedan someterse a un juicio justo y a su evaluación. Es decir, lo importante es crear las condiciones necesarias para estimular la construcción de una base de competencia adecuada (conocimiento) que permita la exploración y la evaluación subjetiva de un determinado campo de experiencia. Sin duda esto dará lugar a una dinámica social virtuosa del tipo que estamos considerando en el sector de la cultura.

¿Cómo se ha conseguido semejante base de competencia en Italia para los sectores alimentario y vinícola? Mediante la concurrencia de varios factores: la publicación de famosas guías de vinos y restaurantes, la aparición de asociaciones y movimientos sin ánimo de lucro y el impacto emocional del escándalo del metanol, que se percibe retrospectivamente como el culmen de la decadencia del sector vinícola italiano. A principios de los ochenta, varias empresas italianas fabricaron «vino» empleando sustancias nocivas como el metanol para beneficiarse de los fondos europeos destinados al sector. No contentos con ello, decidieron venderlo para obtener mayores beneficios. A consecuencia murieron 22 personas en 1986 por la toxicidad del vino falso. La opinión pública comenzó entonces a exigir controles de calidad, mientras los productores se enfrentaban a una dramática caída de la demanda que requería recuperar drásticamente su credibilidad. Todo ello condujo a productores y consumidores a un rápido y sustancial salto hacia delante. Para unos, invertir en calidad era un modo de protegerse de la falta de reputación del sector; para otros, un modo de protegerse del riesgo de intoxicación. Las guías de vinos y restaurantes se hicieron muy útiles y populares, al igual que las asociaciones del vino. Hoy Italia no solo alberga la mayor red de productores, asociaciones y certificados de vino y comida de calidad, cubriendo prácticamente todo el territorio nacional, sino también la única universidad del mundo dedicada exclusivamente a las ciencias del vino y la alimentación, la Universidad de Ciencias Gastronómicas de Pollenzo y Colorno, dos pequeñas ciudades situadas en Piamonte y Emilia-Romagna, quizá las mejores regiones del país en términos de producción local de vino y alimentos.

Tal vez la cultura no haya estimulado una movilización de masas similar porque nunca ha sido objeto de un *shock* nacional que haya mostrado dramáticamente las consecuencias de la falta de competencia generalizada, aunque esto no quiere decir que la cultura no atraiga el interés de los italianos. Por el contrario, tienen lugar iniciativas públicas y privadas de impresionante riqueza y vitalidad, y cada vez más presentes en los medios de comunicación. Además los jóvenes cada vez se interesan más por las profesiones culturales y creativas. Pero estas señales, relativamente independientes y convergentes, de la creciente relevancia de la cultura para la vida de hoy todavía no han dado lugar a una perspectiva de conjunto que muestre claramente lo que hace y lo que puede hacer la cultura para desarrollar una economía postindustrial basada en el conocimiento.

Por otra parte, tomar como referencia el caso italiano y compararlo con algunos ejemplos internacionales de desarrollo local exitosos basado en la cultura puede ayudarnos a sentar las bases de un marco teórico general que los explique. Porque, a pesar de que Italia va un poco rezagada en lo referente a procesos de desarrollo basado en el conocimiento intensivo, en las últimas décadas ha adoptado un modelo industrial que puede ser muy efectivo para articular estos procesos a corto plazo, y convertirse, por otra parte, en un laboratorio de gran interés para su desarrollo futuro.

Los presupuestos básicos del discurso que vamos a desarrollar en las próximas páginas son los siguientes: la cultura ha adquirido un papel fundamental en los procesos de desarrollo postindustrial contemporáneos como catalizador de nuevos modos de producir y consumir productos y servicios (Sacco y Viviani, 2003, Sacco y Zarri, 2004). Estos nuevos modos implican connotaciones crecientes de valor añadido intangible. Todos los casos exitosos de desarrollo local impulsado por la cultura –geográficamente heterogéneos, con poca presencia de Italia entre los mejores ejemplos– se basan en formas nuevas y relativamente espontáneas de integración horizontal (basadas en la interacción de varias cadenas de valor estratégicamente complementarias) que pueden leerse como una evolución no intencionada de distritos industriales integrados verticalmente (basados en una única cadena de valor) que son característicos de los procesos de desarrollo local en Italia en las últimas décadas. Sobre todo a partir de la segunda posguerra, los distritos industriales italianos se han desarrollado en áreas periféricas que más bien pertenecen a la llamada «tercera Italia»[1] (Bagnasco, 1977), extendiéndose desde ahí al resto del país mediante un modelo de «manchas de leopardo» (Brusco y Paba, 1997). La tendencia natural, al percibir la fuerte impronta regional de los procesos de desarrollo estimulados por la cultura en Italia, sería la de aplicar a los mercados culturales y creativos el modelo tradicional de integración vertical de especialización en un único producto o conjunto de productos interrelacionados

---

1 La «Terza Italia» se refiere principalmente al área adriática, es decir, las regiones del Véneto, Emilia Romagna, Toscana y La Marcas, que en este caso se comparan con el núcleo económico tradicional del país o «Triángulo Industrial» formado por Piamonte, Lombardía y Liguria (n. del t.)

como prototipo de modelos de desarrollo local basados en el entorno. Esto es lo que sugerían los estudios más antiguos aunque, como veremos, se trata de una estrategia que tira piedras contra su propio tejado y contradice las dinámicas propias de los nuevos modos de generación de valor económico y social. A pesar de todo, si se aprende de sus pros y sus contras, pensamos que el influjo de la tradición italiana en los modelos de desarrollo local integrados verticalmente puede ser crucial para la elaboración de una «nueva ola» de modelos de desarrollo local basados en la cultura que supongan una evolución desde la espontaneidad y la falta de planificación típica de la primera generación. Ello podría convertir a Italia en un laboratorio ideal de experimentación sobre la nueva perspectiva. En vez de «distritos industriales», hablaremos de «distritos culturales sistémicos» para captar su especificidad, como veremos más adelante.

3. Desarrollo local a la italiana: El distrito industrial

Este capítulo no pretende ofrecer un análisis sistemático de la literatura sobre distritos industriales, lo cual va mucho más allá del objetivo de este libro. Más bien presenta un análisis de los conceptos clave necesarios para nuestra línea argumental.

El reconocido pionero de esta literatura es Alfred Marshall (1920), que señaló las ventajas competitivas de las economías de localización para las empresas pertenecientes a la misma cadena de valor, algo que podría contrarrestar, al menos en parte, el aumento de costes laborales y de transporte, causados por la expansión geográfica de los mercados y la mejora de nivel de vida que acompaña al desarrollo económico. La contigüidad espacial no solo reduce costes de transporte. También estimula la coordinación de elementos interdependientes, por ejemplo en el caso en empresas que operan en el mismo sector y en fases diferentes de la producción. El agrupamiento espacial genera ventajas competitivas que a su vez pueden dar lugar a un crecimiento autosostenido de las economías locales basadas en pequeñas empresas o, mejor, desde la perspectiva de los costes, a un sistema integrado de pequeñas empresas, en lugar de grandes empresas que se enfrentan a los problemas de coordinación absorbiendo en su interior las distintas fases de producción, o, como mucho, estableciendo relaciones muy asimétricas con subcontratas satélites. Sin embargo, un distrito no es solo la agrupación física de varias empresas pequeñas. Es necesario que estas se relacionen en términos de complementariedad estratégica o sustituibilidad, mediante una cultura organizativa común que vaya más allá del límite físico de estas empresas a un contexto social más amplio (lo que Marshall llamaba una «atmósfera industrial»). El distrito implica una interrelación coherente de especializaciones capaz de establecer cadenas productivas bien estructuradas; acompañada de una densa red de intercambios que permite difundir la información relevante entre sus miembros. Además, la comunidad local que sustenta el modelo de distrito se caracteriza por compartir conocimientos tácitos y por la acumulación de capital social (como podemos llamarlo hoy). A partir de estos elementos (pasando las categorías de Marshall por el filtro de la teoría económica actual) es posible suponer la aparición de un crecimiento endógeno, apoyado además en adaptaciones regulares y periódicas a las condiciones del mercado, orientación sistemática hacia la innovación, intercambio de información y diferenciación de los productos. En otras palabras: con el distrito emerge una «cultura de distrito» que actúa como elemento unificador y catalizador de un círculo virtuoso de desarrollo que se extiende al conjunto de la comunidad.

Las observaciones de Marshall sobre la agrupación organizada de pequeñas empresas fueron ignoradas durante mucho tiempo, hasta que el italiano Giacomo Becattini las presentó, en una larga lista de publicaciones pioneras (1987, 2000a,b, 2004), como marco de referencia para explicar el modo peculiar de organización de la economía italiana, en respuesta a la crisis de los setenta. Los estudios de Becattini estimularon la publicación de otros muchos (por ejemplo Bellandi, 1995-96; Cozzi, 2000; Folloni y Gorla, 2000) que recurren a los conceptos de Marshallianos de «economías externas» y «distritos industriales», entendidos como sistemas de pequeñas empresas y focos productivos donde lo esencial es el ambiente industrial (en sentido productivo y social). Es decir: el distrito industrial es básicamente un fenómeno local caracterizado por una comunidad socialmente compacta y la especialización productiva, formado por numerosas empresas pequeñas independientes que trabajan en diferentes eslabones de la misma cadena productiva. Esto subraya la diferencia entre un distrito industrial y cualquier otra agregación de pequeñas empresas: que el distrito desarrolla pautas específicas de interacción personal y empresarial. En lo personal se enmarca en un contexto que induce a fuertes sentimientos de pertenencia e identificación con la cultura productiva local (incluidos sus aspectos materiales), frente a la autorreferencialidad sin objeto del agente económico convencional. En lo empresarial se compone de pequeñas empresas familiares, que habitualmente han evolucionado a partir de una actividad artesanal y carecen de visión empresarial propiamente dicha, aunque pueden reaccionar muy eficazmente a las señales del mercado porque poseen una sólida base de conocimiento y aptitud. El distrito y la comunidad local son casi un reflejo el uno del otro; expresan la misma cultura y se alimentan entre sí. Ninguna lectura individualista del modelo de distrito (como las de la teoría económica más actual) puede percibir esta sutileza: aunque cada empresa «juega a su propio juego», en el distrito se extiende la convicción de que el juego no se puede ganar solo. La unidad selectiva es el distrito mismo, más bien que las empresas individuales, como afirman los biólogos evolucionistas (ej. Sober y Wilson, 1998) –y sabemos que Marshall presto mucha atención a las metáforas biológicas.

Lo característico de los distritos industriales italianos clásicos es la conexión entre localización y producto: Prato, Biella, o Como para textiles, Valenza Po para joyería, Montebelluna para botas de esquí, el área de Brianza para mobiliario, etc. Es una geografía increíblemente rica y diversa en la que los lugares han construido su identidad en simbiosis con el producto, con implicaciones tanto para el tejido económico como para toda la población local. La presencia generalizada de pequeñas empresas familiares asegura que el poder económico no se concentre en unas pocas familias prominentes, sino que se distribuya y ello sea parte de una cultura empresarial común. El artesano que se convierte en empresario trabaja en el desarrollo de un nuevo proyecto con la misma lógica familiar: confiando en su conocimiento del producto y de sus clientes, y en su intuición para ajustar el primero a un entorno competitivo. Al mismo tiempo se comunica con otros empresarios para intercambiar información, comparar soluciones, actualizar entre sí su conocimiento de los últimos desarrollos tecnológicos, etc.

La emergencia del distrito industrial pasa, por tanto, por la aparición de procesos acumulativos que se retroalimentan en conjuntos productivos localizados geográficamente, cuya densidad en algunos lugares les permite conectarse con economías externas. Para entender el significado de la noción de «economía externa» hay que percibir a las personas, las organizaciones y, sobre todo, al conocimiento como factores productivos determinantes, como hace Marshall. Al ligarlos a la concentración empresarial y la especialización espacial, estos factores estimulan la reproducción social de las capacidades profesionales, la difusión de información, el desarrollo de actividades económicas subsidiarias, la emergencia de mano de obra especializada y el crecimiento de empresas complementarias. Por tanto, estas economías, no solo ofrecen importantes ventajas en contextos locales caracterizados por pequeñas empresas, sino también donde operan otras mayores. El término «atmósfera empresarial» condensa este conjunto complejo de características que dan lugar a un sistema local y lo define como un sistema local *cognitivo*. En resumen, el distrito industrial, según Marshall y, después, según Becattini, se compone de empresas independientes concentradas geográficamente, que cooperan entre sí y son capaces de organizar eficazmente la producción gracias a la existencia de economías externas que derivan del conocimiento, las orientaciones de valor y los activos individuales e institucionales que caracterizan a la sociedad y el territorio en el que se asienta el distrito.

Por tanto Becattini propone una aproximación multinivel al estudio de los distritos: por una parte debe tenerse en cuenta el aparato productivo, las empresas y la red de empresas que deben su competitividad a su integración en el distrito. Por otra parte, hay que determinar las relaciones entre este aparato productivo y la comunidad creada por el distrito, con su pluralidad de mercados locales. Este es un sistema competitivo, pero no un sistema competitivo perfecto, gobernado por precios y tarifas que no se establecen libremente por transacciones mercantiles, sino que se ajustan institucionalmente por las principales categorías de operadores que forman el distrito. Este se alimenta de semejante pluralidad de mercados, que no solo necesitan mantener su vitalidad y competitividad, sino también garantizar su reproducción. Para ello, los precios en los mercados interiores deben ajustarse a los del mercado en general y evitar penalizar una categoría determinada dentro del distrito, arriesgándose a provocar tensiones y obstaculizar el proceso interno de reproducción. Esto último es crucial para armonizar las exigencias del mercado con las de la comunidad. Las tarifas, en particular, presentan un claro componente social y político; aunque los precios no son los únicos elementos técnicos que aseguran la viabilidad del distrito: las empresas requieren tecnología, maquinaria, experiencia y conocimiento tácito y codificado. Becattini argumenta que es precisamente esto último, el conocimiento, lo que asegura las ventajas competitivas del distrito a largo plazo, ya que es difícil imitarlo. Otro nivel de análisis tiene en cuenta los valores subyacentes de la comunidad, que son demasiado etéreos como para considerarlos una constante. Becattini habla de «químicas» del distrito que aseguran niveles adecuados de confianza y sentido de pertenencia. La naturaleza de estas «químicas» no está completamente clara y la literatura económica no las ha analizado en profundidad hasta ahora; aunque sí está claro que se basan en las instituciones locales (familia, religión, comunidad cultural, sistema educativo, etc.) y crecen en simbiosis con el propio distrito, traduciéndose en éticas profesionales, conocimiento compartido, absorbido y perpetuado y comportamientos que caracterizan al *homo distrectualis*.

Bellandi y Sforzi (2001) muestran cómo la emergencia de ciertos distritos va acompañada de la convergencia de hábitos convencionales muy asentados en las comunidades locales (para un análisis más exhaustivo del establecimiento de convenciones véase Sugden, 1989) y factores políticos subjetivos orientados a capitalizar los recursos locales. Las convenciones pueden permitir la gestión efectiva de la separación entre intereses públicos y privados, permitiendo que evolucionen los aspectos más sofisticados y adaptativos del distrito. En primera instancia, uno de estos aspectos característicos y avanzados es la división del trabajo entre las empresas, favorecida por el liderazgo de algunas figuras clave. Un segundo elemento, según Bellandi y Sforzi, es la difusión local de determinados conocimientos que estimulan la reproducción del trabajo mediante la transmisión de competencias profesionales y promueven la movilidad social. Otro elemento es la actitud ante la innovación que proviene de la interacción entre diversas actividades profesionales operantes en el mismo proceso productivo. La necesidad de enfrentarse a la globalización de los mercados también tiene efectos importantes, pues exige intercambios de conocimientos entre profesionales dirigidos a mantener el potencial competitivo del sistema local. Además, la industrialización de los distritos favorece la movilidad vertical, el contagio de ideas (véase Sperber, 1996, para un análisis general) y la emulación (véase Schlag, 1998, para un análisis general). Todo ello contribuye a superar la típica empresa capitalista en el caso de ciertos tipos de productos, en cuanto a la rapidez de respuesta a los estímulos externos.

Por tanto, el modelo de distrito es perfectamente sostenible en aquellos entornos locales donde la combinación de especialización productiva y creatividad aplicada al producto (o microcreatividad adaptada a un producto específico, que mejora constantemente tanto el producto como el proceso productivo mediante el aprendizaje práctico diario), abre el camino a ventajas competitivas, en términos de capacidades productivas especializadas y de avances en la división social del trabajo, que permiten incrementar los beneficios. Casanova, Pellegrini y Romagnano (2001) han demostrado que el «efecto distrito» influye decisivamente en el mercado de trabajo, la demografía y el beneficio empresarial. La atmósfera de distrito estimula proyectos empresariales a largo plazo altos salarios (a pesar de la reducida dimensión de las empresas) y la creación de fuerza de trabajo cualificada en un mercado laboral cada vez más segmentado desde la perspectiva de la oferta, pero no desde la perspectiva de la demanda. Las pequeñas empresas del distrito atraen a jóvenes que descartan otras ofertas momentáneamente tentadoras para beneficiarse de una formación mucho más especializada y valiosa que la obtenida en el mercado de trabajo tradicional, dominado por empresas de mayores dimensiones.

Dei Ottati (1995) subraya que la pequeña empresa del distrito se caracteriza por modos de transacción muy diferentes al de la empresa integrada verticalmente. La diferencia principal está en el modo en el que se gestionan los problemas relativos a las transacciones: se rechaza el oportunismo y el regateo toma un carácter relacional, que permite evitar la incertidumbre (por ejemplo, posibles oscilaciones de precios) y asumir apuestas más arriesgadas. Además la segmentación de las fuerzas productivas en fases separadas y gestionadas por empresas diferentes elimina costes de coordinación y la ineficacia de la gran empresa. Por otra parte las relaciones personales son más directas y humanas. El carácter bidireccional y simétrico de los intercambios actúa como un lazo social y da forma a un modelo relacional basado en la conjunción de objetivos de naturaleza pública y privada. Todos estos factores, junto a las capacidades productivas de los trabajadores y los activos culturales e institucionales de la comunidad, consolidan y hacen competitivas a las empresas del distrito.

Desde una perspectiva algo diferente, Porter (1998 a, b) presta atención a la competitividad ligada a la localización y percibe un potencial competitivo especial en los distritos industriales italianos, a veces superior al de las economías basadas en grandes empresas. Según Porter el desarrollo de un país se liga inexorablemente al nacimiento y expansión de formas distritales denominadas «clústers». El desarrollo competitivo de los clústers atraviesa tres estadios: primero tiene que ver con el crecimiento y el aumento de la productividad de las empresas que ya operan en el ámbito local; después es fundamental adquirir capacidad de innovación y, con ella, la dinámica de la productividad. Los filones locales de competitividad (los activos), el conocimiento local (capacidades) y el capital hacen aumentar las posibilidades de innovación en el contexto del clúster. Finalmente el modelo de clúster estimula la creación, el desarrollo y la instalación de empresas en el distrito. Los clústers basados en un único producto no son habituales: en general cada sector incluye diferentes clústers establecidos en diferentes lugares y caracterizados por diferentes niveles de especialización –y a menudo ligados a diferentes segmentos de mercado.

Según Porter, el desarrollo económico de las naciones también se caracteriza por tres estadios diferenciados relativos al factor, la inversión y la innovación. En la primera fase (factor) las posibilidades de un país de situarse en los mercados internacionales y adquirir cierta competitividad dependen de la disponibilidad de fuerza de trabajo barata y el acceso a los recursos naturales. Aquí las empresas no hacen más que producir. Las tecnologías se importan o se copian y la inversión proviene básicamente del exterior. Estas economías se caracterizan por su sensibilidad a los ciclos económicos y a las fluctuaciones de los precios y las divisas. La inversión se dirige a la producción de mercancías y servicios estándar y a la creación de infraestructuras. Además se desarrollan relaciones con las administraciones para facilitar el acceso al crédito y estimular la inversión autóctona.

Los productos consiguen ascender poco a poco en la escala de la calidad, pero la tecnología y el diseño son casi siempre foráneos y se obtienen mediante licencias, colaboración o copia de modelos exitosos, aunque las empresas vayan adquiriendo cada vez más capacidad de emprender iniciativas autónomas en estos campos. En esta fase las economías son muy vulnerables a las crisis financieras y de consumo, tanto internas como (sobre todo) externas.

En las fase de la innovación, el recurso fundamental que garantiza la competitividad (como también señala Becattini en el caso de los distritos italianos) es la capacidad de producir nuevos productos y servicios mediante el uso de tecnologías y métodos avanzados. Estas economías están menos expuestas a los riesgos típicos de las fases precedentes.

Porter tiende a analizar el potencial competitivo de los clústers más bien que las sutilezas de su arquitectura interna o sus especificidades culturales. Sin embargo sus investigaciones presentan importantes aspectos complementarios con las de Becattini y sus seguidores. En particular, Porter dirige la atención a la máxima principal que gobierna la sostenibilidad del distrito: abandonar gradualmente la perspectiva de microajustes del *status quo* productivo para abrirse a una creciente flexibilidad de modelos empresariales actuales o posibles. Volveremos sobre esto más adelante. Ahora se trata de señalar que la literatura italiana sobre distritos ha sido capaz de proporcionar una caracterización exacta de la naturaleza de los activos competitivos típicos de las organizaciones distritales partiendo del estudio de las experiencias nacionales, ampliando así sustancialmente el análisis de Porter.

Goglio (2001), por ejemplo, se enfrenta a la cuestión del desarrollo local considerando la relación entre el rendimiento de las empresas y los activos culturales e institucionales de un entorno determinado. La base de conocimiento necesaria para la producción puede resumirse en tres formas diferentes de capital: físico, humano y social. Este último encarna la gestión social de las relaciones entre los actores del distrito y tiene un papel fundamental por su marcado carácter específico (no se puede transplantar el capital social que se ha generado en un lugar determinado: debe ser producido *in situ*). Pero el potencial competitivo del sistema viene determinado por la combinación de esos tres activos, que Goglio llama «capital marshalliano», enfatizando su profunda conexión con la productividad del sistema y con la construcción de economías externas. El capital marshalliano se refiere a un ambiente abierto al intercambio de información, capaz de absorber estímulos y reelaborarlos creativamente, construyendo así sobre el conocimiento tácito preexistente; pero también a un entorno consciente del valor estratégico de importar inversiones, productos, patentes y competencias.

Evidentemente, la especificidad del modelo marshalliano tiene efectos relevantes en la internacionalización de la economía italiana.

Gola y Mori (2001) han investigado la relación entre espacialización, economías de escala y aglomeración, y distritos marshallianos. La teoría del comercio internacional lleva tiempo tratando del concepto de ventaja competitiva, pero ha pasado por alto los beneficios derivados de la creciente rentabilidad de un sistema económico determinado. En realidad, el comercio internacional también puede explicarse por la presencia, dentro de un determinado sistema económico, de cierto tipo de economía de escala capaz de generar economías externas de aglomeración, especialmente donde el comercio puede resultar costoso (un aspecto que diferencia los modelos de rentabilidad creciente de la nueva economía de comercio, comenzando por Dixit y Stiglitz, 1977 y Krugman, 1991), de aquellos de la nueva geografía económica, como en Davis y Weinstein, 1996).

En casos de competencia imperfecta, las empresas tienden a concentrarse, debido a la reducción de costes a medida que crece la demanda. Las ventajas competitivas basadas en la localización aparecen al considerar también los costes de transporte y del factor productivo, y los fenómenos periféricos. Por tanto, la teoría moderna del comercio internacional presenta una conexión sustancial con los estudios sobre economías distritales cuya combinación de características (concentración espacial, libertad de entrada, pequeños niveles de producción, procesos acumulativos y flujos de información entre los agentes) pueden dar lugar a externalidades positivas y al aumento de beneficios, que a su vez pueden influir en la orientación «glocalista» que prevalece en los análisis actuales de los flujos comerciales internacionales.

Boari (2001) afirma que el muy celebrado «made in Italy» tiene una base claramente distrital. La literatura sobre PyMES sigue diferentes líneas, pero todas apuntan a la importancia del modelo distrital en la promoción de los procesos de innovación. Existe un amplio consenso sobre la capacidad de los distritos para generar y atraer recursos e inversiones, y producir conocimientos mediante lenguajes comunes codificados y rápidos procesos de evolución y selección cultural. Esto adquiere importancia ante la incertidumbre y el lanzamiento de nuevos productos según un modelo de ensayo y error; y vuelven a aparecer factores que nos son familiares: la importancia de las economías externas a la empresa, pero internas al distrito, la división y segmentación del trabajo y la interacción con las instituciones locales para asegurar un hábitat funcional a la actividad.

Algunos autores solo consideran las empresas del distrito en relación con las ventajas competitivas de ciertos lugares, que favorecerían *per se* la concentración geográfica de la producción. Es evidente que el único resultado previsible de los procesos de desarrollo basados solo en este tipo de condiciones ambientales, es su extinción fisiológica. La concentración geográfica de las empresas tiene lugar por varias razones: la localización de capacidades humanas específicas, abundancia de materias primas, condiciones climáticas adecuadas, una red de infraestructuras, centros de investigación, proximidad de los mercados finales, etc. No obstante, las formas de concentración distrital presentan características adicionales, por ejemplo cierta homogeneidad «cultural» de las empresas, la tendencia a interactuar con otras empresas del distrito y el apoyo institucional. Los mecanismos de difusión también siguen un patrón: al principio según un eje vertical (entre actores situados en diferentes estadios de la cadena productiva) para después desarrollarse horizontalmente (entre actores situados en el mismo estadio de la cadena productiva).

El papel de las instituciones en el distrito parece un poco anómalo: durante los ochenta y noventa no hallamos evidencias de una relación directa entre desarrollo distrital y políticas industriales específicas dirigidas a incubar y apoyar empresas. En general el desarrollo de la economía distrital en Italia ha sido más bien el resultado de un proceso de auto-organización que de la planificación consciente. Sin embargo, el diálogo entre empresas e instituciones ha sido intenso y ha producido resultados positivos, aunque solo sea mediante acciones dirigidas por las circunstancias específicas del mercado y no por estrategias a largo plazo.

4. Del distrito industrial al distrito cultural sistémico

Hemos visto que el elemento principal de una economía basada en la localización, característica del distrito, es la creación y circulación del conocimiento. Más en general, podríamos decir que la creación y circulación del conocimiento es el resultado de complejos procesos creativos, de la fertilización cruzada de ideas entre diferentes sectores, actores y actividades, es decir: características típicamente urbanas. A pesar de ello, la ciudad no es el único contexto en el que la actividad creativa hace posible el tipo de interacción social que conduce a un proceso de construcción de nuevo conocimiento. La innovación requiere la presencia de dos tipos de conocimiento: el codificado y explícito y el no codificado y tácito. El primero tiene que ver con el establecimiento de una serie de normas que hacen accesible su interpretación, mientras que el segundo no se refiere a un sistema estandarizado de codificación y decodificación, asimilado en un contexto específico dentro de una empresa o de un grupo de individuos. En el modelo fordista, el proceso creativo tiene lugar dentro de los límites de las corporaciones (las que tienen un departamento eficiente de I+D). En el distrito, la adquisición del conocimiento sigue más bien una lógica de red basada en la proximidad, que toma un carácter informal difícil de medir y se apoya en bienes públicos locales (como los culturales) gracias a los cuales la transmisión tiene lugar en un dominio restringido y el conocimiento no es accesible a actores externos al distrito.

¿Pueden percibirse estas características en la aparición de agregados productivos con un carácter cultural específico, de manera que se pueda hablar propiamente de «distritos culturales? La literatura sobre el tema todavía está en pañales y por tanto es difícil ofrecer respuestas definitivas. Las líneas de investigación principales van en dos direcciones: una toma el distrito como un conjunto «de facto» de actividades y la otra trata el distrito como un objetivo político y, por tanto, como resultado de un proceso de planificación. Incluso al nivel más básico encontramos grandes diferencias en la literatura clásica dedicada al distrito que subrayan la escasa relevancia de la acción política en su creación.

Un ejemplo emblemático de conjuntos orientados a la cultura es la industria cinematográfica de Hollywood, originada en una gran metrópolis por la desintegración vertical de grandes empresas fordistas. En lo que se refiere a clústers basados en políticas concretas, Preite (1998) mantiene que «si bien el distrito productivo aparece espontáneamente como resultado de actividades no planificadas llevadas a cabo por varios agentes diferentes, el distrito cultural es una construcción intencional de agentes políticos que consideran el patrimonio cultural como eje estratégico de un nuevo modelo de desarrollo». Valentino (2001, 2003) afirma que «un distrito que aspira a la valorización de los productos culturales no puede tener un origen espontáneo, sino que es resultado de un diseño basado en la voluntad política y no en fuerzas homeostáticas, dado que carece de detonante. Debe asumir un carácter institucional, ofreciendo una estructura organizativa al modelo de desarrollo que pretende instau-

rar. Santagata (2000) también apoya la actitud «intervencionista».
Dirige la atención a las instituciones que fomentan el nacimiento
y desarrollo del modelo distrital y subraya el papel crucial de los
derechos intelectuales y creativos (que solo se pueden ejercer en el
caso de ciertas tipologías de productos culturales), y de los órganos
que los tutelan. Esta literatura no presta demasiada atención a los
componentes esenciales del distrito marshalliano, es decir, al entorno social, centrándose más bien en el diseño de los componentes
organizativos.

La «cultura» adquiere una importancia fundamental en la concepción «clásica» del distrito pues, como hemos visto, constituye el
repositorio de conocimiento tácito, convenciones sociales y modelos
de comportamiento que conforman su herencia intangible. Por el
contrario, al hablar de cultura en el sentido estricto de la palabra, es
decir, de actividades dirigidas explícitamente a la expresión artística
y a la producción de un mundo autónomo de significados, hay que
considerar muy cuidadosamente si la organización distrital es verdaderamente la más idónea para esta tipología particular de productos
y servicios. Como enfatiza el propio Becattini, la existencia de patrimonio y tradiciones culturales en un lugar determinado favorece el
surgimiento de la dinámica distrital. Pero por ahora no encontramos
agregaciones distritales clásicas en Italia que, abandonando cierto
tipo de producción artesanal de la que trataremos más adelante,
presenten algún tipo de producción cultural como característica
distintiva de su especialización productiva.

El descubrimiento del sector cultural como sector productivo
capaz de generar niveles sustanciales de riqueza y empleo tuvo lugar
en los años setenta, cuando el Ayuntamiento de Londres elaboró
una estrategia de desarrollo basada en la relación entre la producción
cultural y los sectores estrechamente ligados a ella. El sector cultural
se entendía en un sentido muy amplio: incluía el patrimonio cultu-

ral, las artes escénicas y visuales, fotografía, las industrias cinematográfica, televisiva y multimedia, moda, deporte y entretenimiento.
La promoción conjunta de estas actividades sugería un modelo de
contigüidad espacial que, por tanto, exigía la especialización de ciertas partes de la ciudad, que se convertirían en espacios privilegiados
para albergarlas. El desarrollo del distrito cultural se diseñó según
la noción angloamericana del término: un área urbana con una alta
concentración de espacios y actividades artísticas y teatrales.

La intuición fundamental que legitima la idea de la cultura como
motor del desarrollo proviene de la necesidad de revitalizar ciertas
áreas urbanas en decadencia o mal equipadas. El empleo del sector
cultural como vehículo de un cambio cualitativo no solo satisfacía
esta necesidad. También permitía estimular la demanda de servicios
y generar suficientes economías externas a la empresa —y típicas
del distrito, iniciando así un conjunto de nuevas actividades que
sostuviesen el esfuerzo de revitalización urbana. El análisis de casos
de estudio reales nos lleva a formular algunos principios generales:
el desarrollo del sector cultural debe tener lugar en el marco de un
proceso de desarrollo más amplio que involucre al conjunto de la
ciudad o a una zona determinada; el motor del desarrollo proviene
de los principales activos de la zona, pero el proceso debe emplear
todos los activos disponibles; las infraestructuras y las políticas
deben adecuarse al objetivo.

Como se ha visto en el caso del distrito dirigido políticamente, la
concepción angloamericana pone el acento casi exclusivamente en
la creación fáctica del clúster y presta poca atención a los aspectos
relativos al capital marshalliano (por emplear la terminología de
Goglio), que es crucial en la concepción del distrito «clásico». En su
lugar se centra en aspectos relacionados con la organización de los
procesos productivos. Además está claro que las producciones artísticas y culturales pueden estar, y generalmente están, estructuradas

en cadenas de valor. Pero ¿en qué condiciones pueden evolucionar estas organizaciones hacia los sofisticados modelos de coordinación operativa y estratégica típicos del distrito marshalliano?

Hasta ahora, la mayor parte de la literatura italiana sobre distritos culturales se ha concentrado en determinadas tradiciones culturales-productivas valiosas que necesitan apoyo, ya se relacionen con productos, como la cerámica de Faenza o Caltagirone, o los cristales de Murano, o con servicios, como la restauración artística en Florencia (Lazzeretti, 2001). Esas actividades provienen de una sólida tradición artesanal y mantienen, como otros casos de distrito, fuertes connotaciones de productos privados, es decir, de objetos intercambiables en el mercado, en los que la producción de calidad coexiste una con un alto contenido cultural y artesanal y, al menos en el caso de los productos, con una orientación al mercado de masas en el cual la original y marcada identidad cultural se «diluye» y persiste encarnada en el valor simbólico de la marca. Alternativamente, esta literatura se centra en áreas poco desarrolladas, generalmente el Mezzogiorno italiano, donde las industrias tradicionales tienen que enfrentarse a una severa crisis y la revitalización cultural debe su éxito a aparecer como uno de los pocos modos prácticos de estimular una economía estancada. En el primer caso, nos enfrentamos a formas distritales tradicionales en cierto modo, aunque difíciles de trasplantar a otros lugares y que pertenecen a sectores relativamente maduros, incluso si –como en el caso de algunos productores de Murano– hay margen para repensar los productos en dirección más innovadora, más orientada al diseño. En el segundo caso, el modelo distrital se invoca más que nada como un deseo, sin tener en cuenta las delicadas condiciones socioculturales que permiten la emergencia de la forma distrital, que no pueden generarse por la voluntad de un político, sobre todo en zonas con una débil tradición empresarial.

Las fuerzas que estimulan las ventajas competitivas en los sectores culturales presentan numerosas analogías con las identificadas por Porter en sus estudios sobre los distritos culturales. En el ámbito cultural, la estrategia también debe asegurar un nivel adecuado de cooperación entre empresas e instituciones, de modo que la lógica de relaciones en el sistema no impida, sino que estimule la competitividad. Es igualmente importante ser capaz de atraer sectores interesantes de la demanda en vez de convertirse en «esclavos de los consumidores». O, por la misma razón, establecer relaciones adecuadas con las subcontratas y los proveedores de productos intermedios. O, incitar al sector local a una mayor especialización de la demanda y a la autodefensa ante la competencia, mientras se establece al mismo tiempo un buen nivel de relaciones con entornos de excelencia de otros lugares. Todas esas condiciones deben garantizarse de antemano en gran medida para asegurar el éxito del distrito e insertarse en la cultura subyacente que lo genera.

En un intento de proporcionar un modelo normativo de desarrollo del distrito cultural, Valentino (1999, 2001, 2003) argumenta que los procesos de intercambio que caracterizan la intermediación del mercado de productos culturales implica agentes diversos que pertenecen a la misma cadena de valor. De los propietarios de los bienes culturales y los activos locales, a las empresas que proporcionan bienes y servicios para su funcionamiento y conservación, las que usan los productos culturales para su propia (derivada) cadena de valor, los servicios turísticos (como hoteles, restaurantes y actividades de ocio), instituciones de formación profesional, etc. Valentino identifica cuatro áreas distintivas que caracterizan esta compleja red de interdependencias: el proceso de intermediación de mercado propiamente dicho, comenzando por los activos locales más valiosos y descendiendo en las cadenas de valor hacia niveles de demanda no sustitutivos; la provisión de servicios, coordinados y coherentes con los objetivos del proceso de desarrollo, orientados a garantizar el pleno acceso y disfrute de los productos culturales; la calidad de los servicios de alojamiento, que deben adecuarse a los segmentos de la demanda que se han fijado como objetivos y, finalmente, la relación con empresas de diferentes sectores que, integrados en esta estrategia global, se benefician del desarrollo de elementos culturales y simbólicos específicos del lugar y actúan, por su parte, atrayendo otros recursos y demandas.

Toda una gama de industrias complementarias puede prosperar como sistema satélite de la estrategia de desarrollo cultural. Este sistema puede dividirse en tres grupos principales. Por un lado, tenemos aquellas actividades indispensables para la conservación física de los bienes culturales que son supervisadas por un organismo público, dado que la preservación de los productos culturales está claramente avocada al fracaso en el mercado. Por otro lado, las actividades necesarias para la gestión del bien cultural, y por tanto para su mantenimiento y protección. Finalmente están las actividades necesarias para el acceso al bien cultural. Podemos hablar de cadena de valor al considerar estas tres dimensiones en conjunto, dentro de la cual encontramos sectores tan diferentes como la investigación científica, la actividad inmobiliaria, la industria química, las tecnologías de la información, la ingeniería mecánica, la artesanía, la industria editorial, por nombrar algunos. Todos tienen objetivos específicos, pero integrados, en el contexto de un proyecto común global. Este complejo de actividades conduce a la obtención de un producto físico (que en este contexto es la preservación de un bien cultural), pero también de un servicio (que consiste en el disfrute de la cosa misma). Este complejo de resultados genera ciertamente una serie de externalidades positivas no monetarias para el área local, en forma de una mejora de la calidad del entorno, y para la comunidad correspondiente, dado que favorecen la producción de identidad social. La producción cultural, en todas sus formas, es capaz, más que cualquier otra cosa, de comunicar valores, los cuales por su parte dan lugar a la evolución de la conciencia social y al sentido de pertenencia al lugar que solo pueden asegurar los productos colectivos. Además estos procesos productivos favorecen la generación de conocimiento y, por tanto, de investigación e innovación. También hay efectos adicionales, y en este caso tangibles, que implican diversos campos de producción. En particular la experimentación en nuevas tecnologías, materiales y formas de comunicación, llevadas a cabo originalmente en el campo cultural, que después e se emplearán en otros sectores y procesos productivos.

Plantear la posibilidad de una cadena de valor basada en la cultura, complementaria con otras cadenas de valor relacionadas, y construir sobre ella un modelo de desarrollo basado en la transposición directa del esquema del distrito clásico, se enfrenta a especificidades sustanciales del sector que no deben ignorarse. En primer lugar la producción del distrito se dirige a la exportación e implica la separación física entre el contexto local y los mercados finales. En el caso de la producción cultural, estas dos realidades físicas se solapan a menudo, por la naturaleza local de la actividad relacionada con el patrimonio artístico y arquitectónico. Esto no ocurre en el caso de la producción cultural que opera de modo alográfico (véase Goodman, 1976), distribuida mediante la reproducción de un número indeterminado de copias vendibles a partir de una copia maestra, como los libros, los DVDs, los CDs de música, etc. La naturaleza localizada de la oferta relacionada con el patrimonio cultural puede dar lugar a efectos de congestión y poner en peligro la gobernanza social de la zona, por la sistemática intrusión de agentes económicos externos que no se adhieren a las estipulaciones culturales del distrito y solo buscan beneficiarse del importante volumen de visitantes. Este es el triste y bien conocido caso de algunas ciudades italianas con un patrimonio artístico relevante, donde la organización del suministro de bienes y servicios está condicionada y distorsionada por una constelación de operadores comerciales de tamaño variable, sin intereses a largo plazo, que solo se preocupan de mantener su demanda orientada a un turismo de masas de baja calidad y alta rentabilidad, cada vez más ajeno a la identidad cultural local y causante de un alarmante impacto ambiental. No negamos la importancia del turismo cultural para la economía local. Pero una estrategia efectiva y sostenible de desarrollo del turismo cultural exige centrarse en segmentos de la demanda con alto valor añadido, bajo impacto ambiental y suficiente cualificación para asegurar el interés internacional y un respeto responsable por el patrimonio. Conviene basar los objetivos de desarrollo en un sistema local caracterizado por un alto nivel de cooperación y coordinación entre el sector público y el privado, y una visión del desarrollo consistente, clara y consensuada. No se deben hacer concesiones a intereses espurios que, aunque legítimos en sí mismos, no sean coherentes con esta visión.

En otras palabras, un modelo de turismo cultural sostenible necesita de una comunidad local que priorice la participación y la responsabilidad en la preservación y revitalización de su patrimonio cultural y no a su explotación intensiva a corto plazo. Esta orientación necesita, como hemos dicho, un alto nivel de capital social localizado, y más en general, de capital marshalliano. Cuando un distrito cultural aparece como oportunidad de desarrollo económico de una zona carente de los presupuestos básicos del desarrollo humano y social, es de suponer que las expectativas estén dominadas por una actitud oportunista e instrumental. Y cuando esto ocurre, se esfuma todo el potencial por muy prometedor que sea.

Un segundo aspecto importante es que las cadenas de valor cultural puras se caracterizan por una orientación (relativamente) baja hacia la innovación y, generalmente, por una limitada capacidad, además de bajos márgenes de aumento de la productividad. Los márgenes de beneficio de sus productos se obtienen mediante el recorte en los gastos y, por tanto, bajos salarios del trabajo especializado: una tendencia que es exactamente la contraria de la de las economías de especialización, producción y circulación del conocimiento, típicas de la dinámica distrital. A consecuencia, observamos dinámicas perversas en algunos mercados laborales culturales, incluyendo desmotivación profesional, inestabilidad y conflictos. En este sector, la orientación de mercado no conduce necesariamente a la mejora de la calidad del producto sino al revés, a medida que se ensancha la oferta potencial según los mecanismos que ya hemos considerado. Más que intentar trasplantar la organización distrital a la cadena de valor cultural, quizá sea necesario comprender hasta qué punto puede recuperarse la capacidad de activación económica de una zona en contextos con un alto nivel de oferta cultural, repensando el modelo organizativo distrital y su lógica relacional subyacente.

El modelo de distrito cultural de Santagata (2002, 2006) pone el acento en las condiciones intangibles en las que se basa la organización distrital. Santagata percibe la globalización de los mercados como un elemento adicional que favorece el papel del sector cultural como motor de desarrollo. La globalización no solo conduce al ensanchamiento de los mercados. También provoca cambios radicales en la estructura de las empresas, recompensando a las que pueden emplear fuerza de trabajo a bajo coste. Este escenario nos lleva a distinguir muy claramente entre creación y producción. Nos enfrentamos a la desmaterialización de los viejos productos de masas en favor de una nueva organización del trabajo donde la cultura y los productos intangibles toman un papel cada vez más prominente. Mientras la globalización da lugar a la deslocalización de las empresas en busca de mano de obra barata, la sostenibilidad del crecimiento se mantiene estrechamente conectada a la cultura local, que, en vez de erradicarse, se cultiva en toda su especificidad. Desde este punto de vista el distrito cultural supone una respuesta racional a la cuestión de la sostenibilidad, ya que permite producir mercancías basadas en el conocimiento y las tradiciones locales, haciendo competitivos a los países y a las economías en base a la calidad del producto y no al bajo coste. Los productos culturales son resultado de la alta especialización y están inextricablemente ligados a lugares, comunidades y tradiciones. Conforman el llamado capital cultural, que puede definirse como «un activo que encarna, almacena o proporciona valor cultural añadido al valor económico» (Throsby, 2001, p. 46; véase también Throsby, 1999). El capital cultural puede ser tangible y tomar, por ejemplo, la forma de obras de arte u objetos de diseño; o intangible, incluyendo capital intelectual, ideas, creencias y valores compartidos. En sus dos acepciones genera mercancías con contenidos tanto culturales como económicos.

Al estar basados en la creatividad, los productos culturales necesitan desarrollarse paulatinamente, traspasando diversos sectores productivos de modos difíciles de imaginar a priori. Mientras tanto, los actores culturales en busca de las mejores oportunidades para crear, demandan un entorno social abierto y dinámico, caracterizado por una circulación de ideas amplia y libre y por mercados activos y todavía no saturados. Según Santagata, los distritos culturales se definen en base a mercancías con su propia idiosincrasia, y encuentran sus fuentes de ventaja competitiva en la creatividad y la productividad cultural. El conocimiento tácito e individual forma parte de un sistema de información libremente accesible pero a la vez circunscrito a una comunidad y a un espacio definido por la interacción personal, es decir: la idiosincrasia de estos productos deriva de que su creación, producción y distribución se basa en la transmisión personal del conocimiento y la experiencia.

Los distritos culturales imaginados por Santagata son compatibles con la fórmula de desarrollo que ha brindado tantos éxitos a las PyMES italianas. Los ingredientes parecen los mismos que los del distrito tradicional: una comunidad local cohesionada y rica en capital social y simbólico, mano de obra cualificada, posibilidad de economías de escala y finalidad, poca producción estandarizada, una banca emprendedora y activa, apertura a mercados internacionales, disponibilidad de fondos públicos y un terreno fértil para el nacimiento de nuevas empresas. Todo esto indica que el potencial de desarrollo de la organización distrital cultural no se encuentra en la evolución industrial de la artesanía, sino en el nuevo valor añadido creado por el capital humano intensivo especializado, típico de la mayoría de las economías postindustriales: diseño, innovación tecnológica y creación de nuevos productos.

Si se cuenta con tecnología avanzada, el proceso productivo suele articularse en fases conectadas jerárquicamente y dominadas por una gran empresa que opera en el mercado final de la demanda, organiza toda la cadena de valor y la representa simbólicamente con su marca. Esta empresa «buque insignia» puede tender a integrarse verticalmente, reduciendo el número de empresas que operan en el distrito y modificando su estructura en detrimento de la flexibilidad organizativa. Lo mismo ocurre si las empresas de los primeros eslabones de la cadena de valor terminan operando como subcontratas, sin autonomía y enteramente dependientes de la demanda de la gran empresa.

Si el distrito emplea tecnología menos sofisticada, el modelo puede funcionar en un entorno de gestión social más complejo y flexible. Las empresas operan con mayor autonomía y compiten directamente con otras de sistemas productivos locales similares; y las que pertenecen a un determinado distrito y cadena de valor tienden a seguir una lógica de integración y concentración espacial típica del distrito «clásico».

Santagata (2002, 2006) distingue cuatro tipos de distritos culturales: el distrito cultural industrial (que acabamos de tratar), el institucional, el museo y el distrito cultural metropolitano. Como hemos subrayado, la emergencia de un distrito cultural de orientación industrial requiere un contexto socioeconómico preciso y todo intento de desarrollo en contextos inadecuados está destinado al fracaso. Además, es el resultado de un largo periodo de incubación y no hay factores específicos que aseguren la emergencia y la difusión del espíritu emprendedor que necesita. En otras palabras, se trata de una forma auto-organizada del distrito, sin liderazgo institucional.

El distrito institucional implica instituciones formales encargadas de proteger los derechos de propiedad y las marcas asociadas al distrito, que también son derechos colectivos y parte del capital cultural de la comunidad que representan. Aquí se incluyen dos modelos distintos que podemos llamar «cultura de calidad» y «cultura del *savoir vivre*». El primero invierte en reputación, tecnología contrastada, funcionalidad y diseño. Es frecuente que los productos cuenten con denominación de origen oficial y actúen como factor de cohesión social. Los productores deben someterse a estrictos controles de calidad y la demanda es cada vez más exigente, porque la competición por la calidad da lugar a un círculo virtuoso de auto-catálisis. El modelo basado en la calidad y la reputación permite al distrito conquistar un nicho de mercado, pero también requiere costosas inversiones para cultivar categorías de consumidores selectos y desarrollar capacidades de comunicación que reflejen los estándares de calidad de los productos. Se trata de un modelo más abierto a los consumidores, que subraya las características de la comunidad local y donde la quintaesencia es la experiencia de consumo. Por eso hay que crear las condiciones para que el consumidor perciba el sistema simbólico y valorativo del entorno que genera el producto. En cierto modo se invita al consumidor a identificarse con la comunidad local mediante una experiencia directa e inteligente del lugar que le permita desarrollar la sensibilidad correcta hacia el producto.

La búsqueda de la calidad, tanto en el producto como en la relación con el cliente, es un elemento estratégico clave, junto a otros activos intangibles como la legislación que protege al producto contra las imitaciones. Aquí –que por cierto es un modelo que encaja con la organización distrital en el campo del vino y la alimentación de calidad que discutíamos al principio– es de sabios observar que la salvaguarda centralizada e institucional del producto no *anticipa* el nacimiento de una organización distrital. Solo favorece su emergencia. También debe existir una sólida tradición de excelencia productiva legitimada por un contexto local previo.

Santagata define el resto de tipologías de distrito como distritos quasi-culturales: el museo y el distrito cultural metropolitano. El museo busca la revitalización del patrimonio artístico local, y en distrito cultural metropolitano pretende revitalizar zonas urbanas. El distrito museístico se ubica generalmente en el centro de las ciudades porque la densidad de lugares significativos supone una atracción estable para el turismo. Suele ponerse en marcha con fondos públicos por iniciativa de las administraciones (como el distrito institucional), y se centra en activos culturales valiosos ya existentes que requieren importantes inversiones. A veces implica a entidades privadas, pero solo complementariamente.

La influencia económica del distrito sobre la ciudad y sus alrededores no solo alcanza al turismo cultural y los servicios de hostelería y transporte correspondientes, sino también a otras actividades y productos («colaterales») que pueden (y en principio deben) establecer sinergias con las atracciones culturales principales. Así se estimula el crecimiento de la economía local y de su capital simbólico e identitario. Además la ciudad se hace conocida y atractiva para turistas, inversores y profesionales en busca de un lugar para vivir y trabajar.

Un distrito museístico debe buscar sus dimensiones óptimas: cada museo por separado debe contar con una misión y una visión de sí mismo y con capacidad de establecer relaciones cabales con instituciones similares, locales o foráneas; es decir: tiene que mostrar iniciativa propia en términos de capacidad productiva, estándares de calidad y visibilidad. La dimensión optima no solo permite generar externalidades positivas, sino también las economías de escala y variedad necesarias para el desarrollo del distrito. Las externalidades principales surgen del efecto de red: la alta densidad de museos en un espacio limitado da lugar a un incremento considerable de oportunidades culturales, gracias a la coordinación con otros museos, sectores, eventos y lugares de ocio), lo cual conduce a un incremento del consumo porque el incremento de la oferta cultural hace que el consumidor obtenga un mejor rédito de un producto disfrutado en un contexto más rico y estimulante, y por la optimización del tiempo empleado (la concentración espacial permite un uso del tiempo más eficiente, lo cual hace al distrito más atractivo). Todo ello estimula las economías de escala y objetivo: se desarrolla la oferta de servicios complementarios y las actividades pueden programarse coordinadamente según una estrategia general que maximiza la atracción del distrito, con réditos obvios en términos de planificación y reducción de costes.

El distrito metropolitano también busca proporcionar nuevas oportunidades de desarrollo urbano para contrarrestar el declive de los sectores industriales maduros y ofrecer una nueva imagen de la ciudad. Puede limitarse a un área urbana destinada específicamente a las artes escénicas, museos o cualquier otra organización o servicio cultural. Desde la perspectiva de este modelo distinguimos dos tipos de ciudades: la ciudad del arte y la ciudad de la cultura. La ciudad del arte cuenta con valiosos edificios, monumentos y museos (como Venecia y Florencia), es experta en la conservación de su patrimonio y se siente completamente identificada con su carácter de atracción turística (hasta el punto de estar cerca de convertirse en un distrito cultural en su conjunto). La ciudad de la cultura también puede ser rica en patrimonio, pero no está tan concentrada en su conservación y más bien busca aumentar la calidad de su producción cultural atrayendo personalidades y proyectos relevantes. Este tipo de ciudad ofrece a los artistas medios para pensar y trabajar y los apoya con financiación, difusión y visibilidad mediática. Busca incrementar su producción cultural y la acumulación de activos tangibles e intangibles mediante la concentración del capital cultural y organizativo. Es un tipo de distrito capaz de enfrentarse a dos retos diferentes: atraer al turismo y asegurar una buena calidad de vida a sus residentes.

Los cuatro tipos de distrito clasificados por Santagata presentan complementariedades potenciales entre ellos y son recíprocamente compatibles, aunque encarnen nociones diferentes de desarrollo cultural. Pero quizá sufran de la limitación histórica de parecer elementos híbridos en un proceso de transición del escenario industrial al postindustrial, donde la cultura adquiere una relevancia central, más bien que formas organizativas autónomas. Por muy inspiradora e interesante que sea, la tipología de distritos culturales de Santagata permanece ligada a una idea parcial de distrito cultural. Sus cuatro tipos parecen más bien secciones de un distrito cultural vital que modelos de desarrollo sostenibles y retroalimentados. Es posible que la lógica de desarrollo de un lugar específico privilegie alguno de estos aspectos al principio y deje otros de lado temporalmente; pero, a medida que madura la especialización cultural del sistema local, es necesario equilibrarlo funcionalmente para prevenir el empobrecimiento de sus capacidades y su menú de actividades. Un distrito efectivo y duradero basado en la cultura termina exigiendo la *integración* profunda de las cuatro formas descritas por Santagata. Necesita una capacidad básica de auto organización que proviene del acervo local de emprendedores y requiere un sistema avanzado de apoyo y protección para los nuevos productos y actividades culturales y su valor de experiencia; para la restauración y promoción del patrimonio cultural preexistente (que, aunque no sea de talla mundial, confiere un sentido de continuidad e identidad al sistema local) y para la capacidad de generar y difundir ideas culturales innovadoras, insertando al distrito en una red internacional de excelencia en uno o varios ámbitos culturales.

Esta pretensión quizá pueda parecer ingenua: sería estupendo tenerlo todo, pero la vida real es diferente... Aunque, si echamos una ojeada a los casos exitosos, veremos que la coexistencia de estas dimensiones es *realmente* indispensable y además devuelve al distrito cultural todas las especificidades del modelo de distrito clásico. Los clústers culturales angloamericanos tienden a pasar por alto la importancia de la integración del capital social físico y humano que define la lógica de distrito. Además, salvo en casos excepcionales, la especialización en una cadena de valor cultural específica involucra a una parte demasiado pequeña de la comunidad local como para generar una dinámica real de identificación colectiva con el sistema y su visión de desarrollo. Por el contrario, cuando se fusionan las diferentes dimensiones, la producción cultural adquiere una valencia social y cultural más «natural»; y las actividades productivas con alto valor añadido terminan contribuyendo decisivamente a la configuración de la identidad y el capital simbólico de la comunidad (véase por ejemplo Landry, 2000; Trullén y Boix, 2001).

Para que surja este complejo sistema de interdependencias, es necesario que el distrito cultural no se limite a interactuar con otros sectores productivos locales. Como el conjunto del sistema local es relevante para el funcionamiento de las cadenas de valor cultural, su relación con el distrito debe implicar intercambios bidireccionales sistemáticos que integren las cadenas de valor cultural con otras con las cuales no existen relaciones de complementariedad predeterminadas. En otras palabras, el distrito cultural es un concepto operativo y conceptual valioso en la medida en que se convierte en un modelo productivo que no solo es rentable, sino también capaz de relacionarse con otros sectores del sistema local y generar *sinergias innovadoras* imposibles de obtener de otro modo. Hoy en día, cuando la competitividad está cada vez más ligada a la innovación, la cultura tiende a operar como agente sinérgico (como una especie de enzima) que proporciona contenidos, herramientas, prácticas creativas y valor añadido, en términos de valor simbólico e identitario, al resto de sectores del sistema productivo. Esto no implica negar el impacto económico del distrito cultural como tal (las dimensiones de la economía cultural y creativa en Europa dicen lo contrario). Solo subraya que el distrito tiene una *raison d'être* incluso en ausencia de un claro impacto económico *directo*. Por eso crecen constantemente las inversiones locales en cultura y, sobre todo, las inversiones en su integración con otros aspectos de la vida económica y social. Nos encontramos en un nuevo contexto competitivo en el que la cultura está en la base de las cadenas de valor y, por tanto, no es tanto la cultura la que necesita un distrito, sino el distrito el que necesita la cultura. Ante los nuevos retos de la innovación, incluso los distritos más tradicionales sentirán pronto la necesidad de desarrollar en su interior «módulos de distrito cultural» para seguir gestionando con éxito su cohesión social interna, desarrollar practicas creativas y productivas que vayan más allá de algunas microreformas adaptativas de sus rutinas, y defender la identidad de sus productos y el valor que incorporan contra una competición global cada vez más feroz –con la certeza de que los competidores seguirán también este camino tarde o temprano. Desde este punto de vista, el distrito cultural tiene un papel similar (y, en realidad complementario) al de las tecnópolis y los centros de I+D. Tanto el aspecto cultural como el científico-tecnológico son necesarios para ampliar la gama de oportunidades productivas, produciendo combinaciones diferentes de activos intangibles que contribuyan a fortalecer el potencial competitivo de las empresas y del sistema local en su conjunto. Por tanto el distrito cultural tiene poco que ver con un distrito dedicado a un producto único, o con un distrito sectorial o meramente polisectorial. Es un distrito polisectorial de geometría variable que, al mismo tiempo, mantiene un perfil claro de especialización. Se caracteriza por una gama de productos y actividades culturales que encuentra su razón de ser en la historia y en los activos del sistema local y estimula un proceso continuo de fertilización cruzada dentro y fuera del sector creativo como tal. Por eso hablamos de distrito cultural sitémico, para distinguir nuestra idea de distrito cultural de otras nociones que se contentan con transponer el distrito clásico al ámbito cultural de manera más o menos sofisticada. La versión de distrito cultural que hemos llamado distrito cultural sistémico no tiene nada que ver con la clusterización espacial de un campo específico de la actividad productiva, sino que se convierte en centro sinérgico del conjunto de la economía local basada en la innovación. Solo las actividades culturales y creativas pueden asumir esta función, aunque en cooperación parcial con las actividades científico-tecnológicas (por no hablar de los casos donde se solapan ambas dimensiones). Comparadas con la ciencia y la tecnología, la cultura y la creatividad son más fácil y rápidamente accesibles y poseen capacidades constructivas (potenciales) del conjunto de la comunidad local, asegurando así su participación e implicación, algo menos previsible en el ámbito científico y tecnológico.

Por lo dicho, puede pensarse que el distrito cultural sistémico solo puede tener éxito en contextos socioculturales avanzados, como culminación óptima de la transición postindustrial de un sistema local que ha pasado por todas las escalas previas de desarrollo. Pero esta impresión no es del todo cierta. Los distritos culturales sistémicos también pueden ser un interesante sistema de referencia para territorios relativamente poco desarrollados, como el Mezzogiorno italiano, si no se les atribuye la capacidad de hacer milagros y si no se repite el error de las llamadas «catedrales en del desierto». No se puede crear un distrito cultural sistémico en cada pueblo con una iglesia antigua, un castillo impresionante o tradiciones locales fascinantes. Tenemos que buscar lugares donde existan iniciativas empresariales autónomas y un alto nivel de vida comunitaria y de participación. A pesar de un escaso desarrollo en el pasado, allí sí pueden explotarse los «multiplicadores intangibles» ligados a actividades basadas en la cultura para empujar al sistema productivo local a un gran salto adelante en términos de innovación, identidad simbólica y orientación comunitaria, lo cual, a su vez, puede llevar al nacimiento de una forma organizativa distrital actualizada. En otros casos, por muy perentorio que sea encontrar nuevas formulas de desarrollo, hay que crear primero las condiciones necesarias para la emergencia de una sinergia distrital. En otras palabras, antes que nada es necesario un pacto social de desarrollo inclusivo y creíble, donde cada parte asuma responsabilidades precisas, especialmente en términos de ceder posiciones consolidadas, pero incompatibles con la lógica de distrito cultural sistémico.

Por tanto, para hablar de un distrito cultural sistémico deben darse simultáneamente varias condiciones previas y relativamente genéricas:

–Una base empresarial que comprenda (o capaz de comprender) el valor estratégico de la cultura, entendida como socialmente beneficiosa y como necesaria para estimular la innovación;

–Tener conciencia del sistema local e identificarse con él, con su patrimonio cultural y con sus otros activos culturales principales;

–Apertura a nuevas formas expresivas y capacidad de relación con agentes culturales de excelencia;

–Una administración local que actúe como facilitador institucional para el desarrollo de un distrito cultural sistémico y que promueva la excelencia cultural, si es que existe;

–Disponibilidad de espacios y servicios de calidad para ser rehabilitados y dedicados a proyectos e iniciativas culturales;

–Una red de instituciones públicas capaz de monitorizar y potenciar la calidad de la producción cultural local, en ocasiones con la ayuda de agentes privados socialmente comprometidos;

–Instituciones educativas interesadas en trabajar en el campo de las nuevas profesiones culturales y tecnológicas.

5. El distrito cultural sistémico

La sociedad del conocimiento exige formas nuevas de integración horizontal entre cadenas productivas caracterizadas por fuertes y, a menudo, inpredecibles complementariedades en su estrategia de crecimiento e innovación.

En el distrito cultural, en todas su acepciones, la cultura tiene el papel de agente sinérgico que proporciona a los otros sectores del sitema productivo contenidos, instrumentos, prácticas creativas y valor añadido en términos de valor simbólico identitario. Las economías de distrito cultural no se generan por los mercados culturales clásicos sino, mas bien, por actividades creativas articuladas con otras dimensiones de la vida social y económica.

En el modelo de distrito cultural sistérmico, el carácter de sistema es aún más sólido y decisivo que en el viejo distrito cultural y requiere la integración compleja de múltiples actores: las administraciones públicas, el empresariado, el sistema educativo y la universidad, los operadores culturales y la sociedad civil. Se trata de un modelo que se enfrenta a los retos mediante formas innovadoras de coordinación, en busca de una visión estratégica común con el objetivo de producir y difundir conocimiento. Es decir: afronta la complejidad del desarrollo postindustrial del territorio integrando horizontalmente las cadenas productivas que lo caracterizan, en las cuales la cultura en sus diversas formas de expresión sirve de plataforma común de comunicación entre los actores.

En los últimos años se asiste en todo el mundo a la proliferación de nuevas experiencias en este sentido. Son experiencias que suministran nuevos mecanismo de crecimiento, donde la innovación cultural se traduce en capacidad innovadora del sistema, proporcionando nuevos recursos para la propia producción cultural y, al mismo tiempo, aumentando la calidad de vida y la atracción del sistema local. El distrito cultural sistémico solo puede entenderse en la perspectiva de sus relaciones con el desarrollo económico y social en general. Se inspira en valores de libertad individual, innovación, creatividad y calidad de vida, los mismos presupuestos inmateriales que guían el desarrollo de los países postindustriales. La modalidad de desarrollo local ofrecida por el distrito cultural se basa, por un lado, en la noción de «capacidad» empleada por el premio Nobel de economía de 1998, Amartya Sen, que muestra la relación entre desarrollo y libertad (positiva y negativa). También se basa en Michael E. Porter o Richard Florida, que, aunque diferentes en perspectivas y temáticas, relacionan estrechamente el desarrollo económico con la innovación y la creatividad, no solo de las empresas sino también de los individuos.

La persona se convierte en clave del desarrollo y este último se desenvuelve por el camino de la capacitación, la calidad de vida, la innovación y la creatividad. El desarrollo es, por lo tanto, en su mayor parte inmaterial, como la cultura.

Los paradigmas que conforman el modelo de distrito cultural sistémico incluyen el de la atracción del talento propuesto por Florida y sus críticos (Peck 2005, Markusen 2006, Bontje and Musterd 2009), el de la reconversión competitiva del sistema productivo propuesto por Porter y el de la capacitación sistemática de la comunidad local de Amartya Sen. A excepción de Florida, ninguno de ellos ha intentado explicar la dinámica del desarrollo local mediante la cultura, pero encuentran un interesante ámbito de aplicación en la nueva fenomenología del crecimiento postindustrial.

El distrito cultural necesita de la combinación creativa de estos tres canales teóricos para definir una política dirigida a los activos (que llamaremos formas de capital) del territorio. Estas acciones pueden entenderse como instrumentos de intervención para el desarrollo del territorio o bien como clave de interpretación del presente, para discernir si es posible identificar en un territorio determinado los elementos necesarios para diseñar un distrito cultural sistémico. Hemos identificado doce acciones:

1. Calidad de la oferta cultural (COC): es decir, capacidad de generar una oferta cultural con posibilidad de adquirir relieve internacional. Esto implica poder desarrollar proyectos culturales de interés internacional con los agentes locales y mantener el nivel sin perder de vista a la comunidad local, que no puede sentirse excluida de las experiencias;

2. Capacitación y formación de la comunidad local (CFC): para generar valor económico y social a través de una experiencia cultural es necesario que el receptor la perciba como necesaria para su existencia y su itinerario personal. La falta de formación puede comprometer el acceso a la oferta, mientras que la conciencia de las necesidades culturales propias por parte del consumidor no solo son importantes desde el punto de vista económico. Mejora la calidad de la demanda en términos de consumo y también la calidad de los productos culturales y, sobre todo, forma a los individuos en la capacidad de enfrentarse a realidades diferentes y complejas.

3. Desarrollo empresarial (DE): La cratividad y la innovación son cada vez más importantes en las empresas. Hay que acompasar el desarrollo empresarial y cultural y aprovecharse recíprocamente de los conocimientos y competencias de cada uno.

4. Atracción de empresas externas. (AEE): Atraer capitales extranjeros no solo implica inyectar recursos en el sistema local sino también mantener una visión global sobre las perspectivas de territorio. La contribución de nuevas empresas no es solo económico, sino sobre todo cultural, estimulando la motivación y vitalidad de la colectividad local.

5. Atracción del talento externo (ATE): Es el núcleo de la teoría de Florida y requiere elementos ligados al concepto tradicional de calidad de vida que además caracterizan al territorio y a su comunidad y lo promociona como ideal para vivir y trabajar.

6. Gestión de la crítica social y de la marginación (GCS): Aprovechar la cultura para gestionar la crítica social significa ser capaz de modificar las lógicas comunitarias de manera más social. Esta dimensión está estrechamente relacionada con la idea de Sen sobre la construcción de las capacidades y la formación de la comunidad.

7. Desarrollo del talento local (DTL): Las personas creativas y cualificadas pueden sentirse atraidas por la oferta educativa y laboral extranjera. Formar y mantener talentos en el territorio es esencial para mantener y desarrollar una identidad cultural, limitar la homogenización creativa y favorecer una creación y producción de calidad.

8. Participación de los ciudadadanos y de la comunidad local (PAC): La comunidad local debe estar lo suficientemente capacitada como para poder traducir las exprexiencias externas a sus propias prácticas culturales y a su sitema de valores.

9. Calidad del gobierno local (CGL): Capacidad de las administraciones locales de coordinar a los diferentes agentes e inversores en el proceso de desarrollo. Esto no quiere decir que la iniciativa parta de las administraciones. Basta con que asuman el papel de «facilitadores» de las acciones y proyectos innovadores y medien entre los distintos intereses.

10. Calidad de la producción del conocimiento (CPC): Cultura y ciencia son a menudo las dos caras de una misma moneda. Obtienen beneficios indirectos una de otra. Es necesario que los contextos culturales en los que se desarrollan formen parte de un «entorno cultural creativo» que favorezca la fertilización cruzada.

11. Capacidad de establecer redes locales (CRL): la falta de coordinación y cooperación implica pérdidas de oportunidades. Las iniciativas se solapan, con la consiguiente pérdida de recursos y eficacia. Debe desarrollarse la capacidad de trabajar coordinadamente mediante redes locales activas y conectadas. Es frecuente que la escasa colaboración entre los actores sociales denote un bajo nivel de capital social.

12. Capacidad de establecer redes externas (CRE): Para un desarrollo cultural sano y vital, es fundamental la relación con realidades culturales diferentes. Esto también pasa por la posibilidad de aprovechar otras experiencias de planificación y trabajo. El objetivo es, como señala el Consejo de Europa en la Declaración de Lisboa, desarrollar relaciones internacionales o interregionales.

Cada una de estas acciones se puede reagrupar en subsistemas que muestran su especificidad: hay acciones inherentes a la calidad (COC, CGL, CPC), las relacionadas con el desarrollo (DE, DTL), con el atractivo (AEE, ATE), la socialidad (GCS, CFC, PAC) y las relaciones (CRL, CRE).

Las acciones interactúan con las varias formas de capital presente en el territorio, entendiendo por tal cualquier recurso acumulable y necesario para la producción de otros bienes. Los resultados de estas políticas deben traducirse después en la producción/acumulación de una forma específica de capital tangible o intangible que constituye, a todos los efectos, el depósito del valor producido por el territorio. Identificamos cinco formas de capital, distinguiendo entre las propias de la economía material y las de la economía inmaterial: capital natural, físico, humano, social y simbólico.

Economía material, industrial:
Capital natural: Elementos no producidos por el hombre, renovables (como el agua y el suelo) o no renovables (como el gas o el petróleo) (Collados, Duane, 1999);
Capital físico: Capital material producido por el hombre (fábricas, edificios) y, más en general, las infraestructuras (Caballe, Santos, 1993).;
Economía inmaterial postindustrial:
Capital humano: Conocimiento y competencias de los individuos, capacidades humanas, saber, ingenio y capital informativo, entendido como conjunto del conocimiento incorporado a bases de datos.
Capital social: Instituciones, normas sociales y redes de relaciones interpersonales que influyen sobre el comportamiento individual y constituyen recursos para la producción de bienestar. Se liga a la interacción y a la socialidad, mediante la cual se interiorizan y se fijan las normas de comportamiento. Regula la gestión responsable e inteligente y los conflictos entre intereses individuales inmediatos e intereses colectivos (Putnam, 1993).
Capital simbólico: junto a los modelos de identidad individualmente y socialmente significativos, se liga a los procesos de

identificación y de creación de sentido de pertenencia. Tiene un peso creciente en la determinación y la orientación de las elecciones individuales y colectivas debido a la influencia de la construcción identitaria que caracteriza cada ves más el consumo postindustrial. Puede tomar un carácter de capital cultural, a su vez distinguible en capital tangible e intangible (Throsby, 1999; Bourdieu, 1983).

De un lado, por tanto, producción y consumo de cultura; del otro, recursos inmateriales como tradiciones, historia, usos y costumbres que forman parte del territorio y de la identidad del lugar. Para esta última forma de capital se puede hablar de capital identitario, que representa el conjunto de modelos relacionados con el sentimiento de identidad y crea valor mediante la pertenencia y el poder identificativo.

El desarrollo económico de un sistema implica la combinación creativa de las cinco formas de capital. El sentido del proyecto estratégico reside precisamente en encontrar la combinación más adaptada a un contexto trerritorial dado y conseguir que emerja de la sinergia entre los diversos agentes territoriales.

A partir de este sistema conceptual intentaremos definir una estrategia de desarrollo de las industrias creativas y de los mecanismos locales de dirección cultural.

6. Individualización de las prioridades del sistema

Los sistemas locales pueden dar lugar a diversas combinaciones de canales a través de los cuales se manifiestan los efectos sistémicos de un distrito cultural. Hay que partir, en primer lugar, de una elección estratégica precisa de estos canales, en la óptica de una primera intervención a corto plazo, para poder identificar posibles factores de sinergia social, económica y cultural

El paso sigiente es «interceptar» los ámbitos de intervención y establecer una jerarquía temporal entre ellos.

Existen diversos modos posibles de crecimiento del distrito en los cuales se acumulan las cinco formas diferentes de capital *–assets–* que conforman el desarrollo económico a través de diez acciones diferentes que lo interceptan.

Estas acciones se pueden poner en relación con el sistema para describir su estado o bien emplearse como políticas de intervención: a su vez los tipos de intervención se pueden reconducir a dos categorías complementarias entre sí: como optimización del status quo y como acciones innovadoras (como intervenciones de tipo proactivo).

Por ejemplo, hay tres prioridades estratégicas a corto plazo:

a) Calidad de la oferta cultural (COC)
b) Calidad del gobierno local (CGL)
c) Capacitación y formación de la comunidad local (CFL)

Por tanto, a corto plazo es importante:

a) Identificar las fortalezas de la oferta cultural e implementar políticas destinadas a la optimización de su status quo;
b) Favorecer los mecanismos de coordinación entre las instituciones y los agentes del territorio con políticas a medio camino entre la optimización y la intervención;
c) Crear demanda para la cultura mediante prácticas innovadoras.

De modo que, a corto plazo, las acciones y proyectos de los que se parte deben poder:

– actuar sobre la calidad de la oferta cultural en relación con su potencial de producción de las cinco formas de capital:
Capital natural: poner en valor el medio natural del territorio;
Capital Físico: recuperación y valorización de la arquitectura, como intervenciones de recalificación urbanística del territorio o sobre el patrimonio arquitectónico;
Capital humano: aumentar la información y la formación;
Capital social: generar posibilidades de interacción y socialización ligadas a la oferta cultural;
Capital identitario: fomentar la identidad local común y mejorar su percepción externa mediante la oferta cultural;

– actuar sobre la calidad del gobierno local respecto a su capacidad de producción de las cinco formas de capital:

Capital natural: garantizar la sostenibilidad de los procesos de desarrollo económico y social desde las instituciones;

Capital físico: elaborar una estrategia de uso y recuperación de espacios culturales;

Capital humano: desarrollar estrategias ambiciosas e innovadoras de gestión de la formación del capital humano, con planes de formación sobre políticas del territorio para los empleados públicos y establecimiento de relaciones con instituciones universitarias para diseño de proyectos;

Capital social: crear ocasiones y lugares de encuentro que estimulen la lógica distrital;

Capital identitario: aportar identidad y visibilidad al teritorio mediante la «seducción» que ejerce el proyecto de desarrollo local;

– actuar sobre la capacitación y la formación de la comunidad en el marco de su potencialidad de producción de las cinco formas de capital:

Capital natural: incentivar la educación medioambiental;

Capital físico: emprender acciones de sensibilización ante los activos del territorio ayudando a la ciudadanía a redescubrir lugares olvidados de la ciudad y sentirse implicada en sus proyectos de futuro;

Capital humano: generar acciones formativas dirigidas a la capacitación mediante la formación y el aprendizaje.

Capital social: crear competencias relacionales y emprender acciones dirigidas a estimular nuevas posibilidades de relaciones, por ejemplo a través de proyectos de arte público experimental de excelencia internacional (cfr. por ejemplo el proyecto St. Louis 2004);

Capital identitario: acciones dirigidas a aumentar el conocimiento del valor de la cultura para el desarrollo de una identidad individual autónoma.

Continuando con el orden de intervención temporal, las prioridades a medio plazo incluyen:

a) Gestión de la crítica social y de la marginación mediante políticas de integración;

b) Desarrollo del talento local;

c) Calidad de la producción de los conocimientos mediante políticas ditigidas a la optimización

d) Participación de los ciudadanos y de la comunidad local mediante acciones y políticas proactivas.

Las prioridades a largo plazo incluyen:

a) desarrollo empresarial;

b) atracción del talento;

c) atracción de las empresas.

Las políticas

Los sistemas locales pueden dar lugar a diferentes combinaciones de canales a través de los cuales se manifiestan los efectos sistémicos de un distrito cultural: localización del talento y de la nueva clase creativa, orientación a la innovación y la capacitación. Para poder razonar sobre posibles factores de sinergia social, económica y cultural hay que partir de una selección estratégica de los canales más relevantes, desde la óptica de una primera intervención sobre el sistema a corto plazo.

Después de haber adoptado una opción estratégica de fondo (pero teniendo en cuenta que el distrito cultural sistémico debe entenderse como el resultado de una combinación de más factores), el paso siguiente consiste en «interceptar» los ámbitos de intervención estableciendo una jerarquía temporal.

Recordemos que existe un campo potencial de posibles dimensiones de crecimiento del distrito, en el cual se acumulan las cinco formas diferentes de capital–*asset*– a través de doce acciones diferentes que la intersectan. Estas acciones pueden ponerse en relación con el sistema para alcanzar un cierto estado o como políticas de intervención. A su vez los tipos de intervención son reconducibles a dos grandes categorías complementarias: la optimización del status quo y la innovación en el sistema (entendidas como intervenciones de tipo proactivo).

A corto plazo hay que situar al distrito cultural en condiciones de activar sus propias potencialidades, reservando a las políticas a medio y largo plazo la solución de posibles lagunas estructurales que impidan formas más complejas y desarrolladas de integración entre la producción cultural y el resto de ámbitos productivos. Por ejemplo, la recuperación de inmuebles públicos y privados en desuso o empleados como sede de actividades extemporáneas, puede ofrecer grandes oportunidades en proceso de individualización y desarrollo de los polos culturales territoriales. Es de suma utilidad elaborar un censo de contenedores culturales disponibles clasificados por zonas, estableciendo las prioridades de su rehabilitación según la especialización de las diferentes áreas del territorio, su disponibilidad y los recursos financieros. No es casual que el término «arqueología industrial» se esté sustituyendo progresivamente por el de «cesión creativa», según el cual los lugares se convierten en espacio de experiencias culturales, nuevos modos de ocio e incubadoras de empresas culturales.

7. Algunos casos de estudio

Lille: de capital europea de la cultura a región europea de la cultura

Lille es una ciudad fronteriza francesa de 200.000 habitantes, con una posición estratégica para el comercio con Europa del norte. Gracias a la vecindad con Holanda, Alemania e Inglaterra, La ciudad se convirtió en uno de los centros comerciales más importantes del siglo XV. Durante el XIX vivió el apogeo de la industria textil, y a finales del siglo pasado ha cambiado su perfil económico, orientándose al sector servicios, como otras ciudades europeas. Actualmente es una ciudad con un patrimonio muy importante y gran vitalidad cultural. Ha sido capital europea de la cultura en 2004, es sede de una ópera, la Orquesta Sinfónica Nacional, el segundo mayor museo de arte moderno de Francia y muchas otras instituciones.

El resultado más interesante de las políticas culturales aplicadas en Lille se relaciona con el programa de capitalidad europea del año 2004. La ciudad y el territorio adyacente se han transformado en una gran área metropolitana con 193 núcleos urbanos que integra áreas de Bélgica, donde Lille ha asumido el liderazgo cultural. En el plano económico ello la ha convertido en un lugar ideal para la creación de empresas y el establecimiento sedes de multinacionales francesas y extranjeras.

La ciudad ha desarrollado una amplia red de relaciones culturales, convirtiéndose en una de las ciudades más «europeas» del continente. Además ha puesto en práctica políticas de inclusión social para estimular la participación social mediante eventos como el *Street Festival*, encuentros y talleres.

El programa de capitalidad cultural europea de 2004 no se organizó en torno a lugares específicos, sino en forma de una multitud de iniciativas diseminadas por toda la ciudad y dirigidas a toda la población indistintamente, buscando implicar al mayor número posible de empresas culturales. En total se realizaron 17.500 eventos y se abrieron 12 nuevos polos culturales en antiguas fábricas, las Maison Folie, con tres de ellas en Bélgica. Estas nuevas instalaciones se han convertido en punto de referencia para la comunidad y para los artistas, creando residencias y estimulando un ambiente abierto a las relaciones sociales y a la cooperación cultural. Los programas de exploración y difusión de las diversas culturas del mundo también han tenido un papel relevante, confrontando la cultura local con la de otras realidades humanas para favorecer su hibridación.

El programa de capitalidad europea de la cultura fue coordinado por la Asociación Lille 2004, con un consejo de 42 miembros organizados en tres colegios: el institucional, el económico (con representantes de la empresa) y el cultural (con personalidades del sector cultural) Los comités han contado integrado a profesionales y representantes vecinales con el objeto de desarrollar estrategias inclusivas y participativas.

El programa cultural oficial ha puesto el énfasis en los eventos locales. El presupuesto total alcanzó los 74 millones de euros: 10,7 aportados por la Région Nord-Pais de Calais; 6.7 del Département du Nord; 3,35 del Départment Pas de Calais; 13,7 por Lille Metropole, 8 por la ciudad de Lille, 13,72 por la UE, 13 por patrocinadores privados y regionales y 4,5 por la Commaunauté Francaise de Belgique y la UE. De este presupuesto, 24,4 millones se emplearon para financiar actividades en Lille y las áreas limítrofes mediante cofinanciación (75% de las entidades colaboradoras, 25% de la ciudad). El coste total del programa de eventos fue de 58,6 millones, a los que se sumaron 19 millones para restauración, financiados por la ciudad y el ministerio de Cultura francés, y 70 millones de euros destinados a la creación de infraestructuras, incluyendo la reforma del Teatro de la Ópera, dos edificios para actividades culturales y la restauración del patrimonio arquitectónico y monumental.

El plan de comunicación, con un presupuesto de 7,5 millones, incluía acciones convencionales, como cartelería en Londres, París y Bruselas, y una iniciativa innovadora: el programa Lille Ambassador de voluntariado cultural para la difusión de los eventos, con 17.800 colaboradores de todo el mundo (200 a tiempo completo): el 70% de la región Nord-Pas de Calais, el 20% de otras zonas de Francia y el resto de otros países.

Lille 2004 ha atraído a 9 millones de visitantes, 4,8 para los festivales temáticos, 2,3 para las artes visuales, 824.000 para los espectáculos en directo, 249.000 para los espectáculos Mondes Paralleles y 300.000 para los actos Maison Folie, con 2,8 millones de entradas vendidas. El 39% de los eventos eran gratuitos para favorecer la participación y los residentes se podían beneficiar de tarifas especiales, implicando a más de 1.200 escuelas, con 900 eventos para jóvenes.

El patrocinio privado ha alcanzado 13 millones de euros, una cifra muy relevante y claramente superior a las ediciones precedentes de capitalidad cultural europea. Otro aspecto importante ha sido el número y la calidad de los artículos y noticias aparecidas en prensa y televisión y la buena aceptación de la página web, que han dado gran énfasis a la producción artística y a la participación de la comunidad local y a la organización conjunta de los eventos. A ello se suma la presencia de 140 delegaciones, incluyendo 81 extranjeras de 71 ciudades y 30 países.

Tras Lille 2004 la ciudad ha puesto en marcha un nuevo programa, Lille 3000, con programaciones bianuales en torno a la temática de la globalización y otras cuestiones de futuro consideradas desde la óptica del conocimiento y de los activos que caracterizan la ciudad y su área metropolitana. Lille 3000 afronta aspectos como la economía, las nuevas tecnologías, la idea de ciudad singular, las visiones de la ciudad del futuro y, en general, temas relacionados con la socialidad y la civilización. La primera edición, de 2006, *Bombayser de Lille* (de Lille a Bombay con amor) fue dedicada a la relación entre dos realidades diferentes mediante el arte y la modernidad. La ciudad se ha transformado con instalaciones de artistas, eventos, cine, desfiles y espectáculos, promociones gastronómicas, etc., que reconstruyen el espíritu de la India. En 2009 tuvo lugar el programa Europe XXL, con los nuevos países miembros de la Unión Europea como protagonistas y la participación de artistas, cineastas, músicos, diseñadores, escritores, cocineros, e instalaciones, exposiciones, proyecciones, etc. Lille 3000 también incluye el programa Futuretextile dedicado al empleo de nuevas tecnologías en el sector textil y sus posibles aplicaciones en deportes, salud, construcción, arquitectura, diseño, empleo y reciclaje. Las actividades siempre buscan la mayor participación posible de la comunidad con exposiciones, cursos, debates, etc., donde se divulgan las nuevas tecnologías y los usos de los productos textiles para la producción artística.

Inauguración de *Bombayser de Lille*, 2006

Valoración del proyecto según el modelo de distrito cultural sistémico

Lille ha incrementado notablemente la calidad de su oferta y producción cultural y de su gobierno local. En el primer caso, gracias a la inclusión y la producción de actividades culturales en un área territorial muy vasta. En el segundo, debido al desarrollo de un modelo innovador de coordinación institucional y transfronterizo con otras regiones europeas (Bélgica, sur de Inglaterra). Por otra parte ha sido posible estimular el desarrollo empresarial mediante la implicación de pequeñas y grandes empresas en las actividades. La ciudad ha realizado un gran esfuerzo para atraer talentos extranjeros, mientras que, en lo referente a la gestión de la crítica social, se han llevado a cabo iniciativas en zonas marginales de la ciudad, coordinadas con las políticas sociales municipales. También se ha buscado estimular el desarrollo del talento local de manera muy innovadora, implicando a la comunidad local desde la fase de ideación, por ejemplo en el programa Lille Ambassador. También en el caso de las redes internas y externas, la ciudad ha sabido superar las divergencias con propuestas y una visión amplia del concepto de área de actuación, que ha asumido un puesto de relevancia como euroregión.

Newcastle-Gateshead: regeneración urbana y redefinición identitaria

Newcastle y Gateshead son dos centros urbanos contiguos, diferenciados históricamente y, a menudo, rivales, situados en el noreste de Inglaterra a ambas orillas del río Tyne. Las dos ciudades se han desarrollado en el tiempo hasta convertirse en una conurbación de 750.000 habitantes, a pesar de mantener sus características como núcleos diferenciados.

La zona de Inglaterra en la que se encuentran es rica en recursos naturales y mineros, con un gran desarrollo en la época industrial gracias a la siderurgia, la mecánica y la construcción. Hasta finales de setenta, esta región se consideraba el taller del mundo; pero, a partir de entonces, las crisis internacionales y las transformaciones en el sistema productivo de los países avanzados liquidaron la industria pesada, dando lugar a una profunda recesión económica, desempleo dramático y, a partir de los ochenta, la emigración. En los noventa, Northern Arts, la organización artístico-cultural regional pública hoy denominada Arts Council England North East, propuso una estrategia de desarrollo regional que presentaba las inversiones en cultura como una posible solución a la crisis, mediante la modernización de las infraestructuras y los sistemas educativos e identitarios de la ciudad. El proyecto fue aprobado por el gobierno británico dentro del plan Case for Capital, iniciado en 1995 con financiación nacional y europea.

Gracias a esta y otras iniciativas institucionales (como veremos a continuación), fue posible implicar a la población en proyectos culturales a largo plazo ligados al desarrollo local. Se invirtió en capital físico e identitario, en el sentido de pertenencia, según tres ejes principales: fomento de la diversidad, la participación y la sostenibilidad social a largo plazo. Newcastle y Gateshead desarrollaron conjuntamente el plan de intervención para unificarse en una única área urbana. Gateshead ha llevado a cabo intervenciones en su zona más degradada, los muelles del Tyne, que se han conectado con el barrio de Quayside en Newcastle, transformando la zona en un lugar de ocio de gran valor cultural y simbólico, fomentando la identidad comunitaria, incrementando la participación y mejorando los accesos. Entre las intervenciones de mayor impacto se encuentran el centro musical The Sage Gateshead de Norman Foster (2004) y el centro de arte contemporáneo Baltic, inaugurado en 2002 tras la rehabilitación de un molino de los años cincuenta, obras todas que se han convertido en iconos locales, al igual que el puente Gateshead Millenium (2000), con un millón de visitantes solo en el año de su apertura. Esta obras, junto a «dominantes» del territorio como el *Angel of the North* (1994) del escultor Anthony Gormley, situado en Low fell, han mejorado la percepción exterior de la zona y han ofrecido a la comunidad nuevas ocasiones de socialización y disfrute de la cultura contemporánea.

Newcastle ha invertido los fondos en la recuperación del centro histórico. Grainger Town (el centro histórico) y sus áreas limítrofes han sido recalificadas para actividades económicas y espacios públicos, con programas de arte público, culturales y sociales y zonas especializadas. Con ello se han creado más de 1500 nuevos empleos, 280 empresas y 280 viviendas, y se han restaurado 70 edificios para uso residencial y comercial. Las intervenciones han aumentado enormemente las posibilidades de entrar en contacto con la cultura, redefiniendo la identidad de la comunidad local y animando a la población a superar la desmoralzación causada por la decadencia económica.

Norman Foster, *The Sage*, Gateshead, 2004

La agencia de desarrollo regional One North East ha diseñado un nuevo programa de inversiones denominado Culture 10 con un programa de eventos culturales y festivales entre 2009 y 2010 y el establecimiento de una red de relaciones internascionales, con la perspectiva de darles continuidad en los próximos años. Gracias a todo ello, Newcastle y Gateshead han modificado decisivamente la visión de sí mismas hacia formas de producción típicas de economías en transición postindustrial.

Numerosos estudios han mostrado los efectos benéficos de estas intervenciones. Taylor, (2006), situa a Newcaste-Gateshead en el

primer lugar de Inglaterra en lo referente a infraestructuras culturales y capacidad económica, con Londres y Liverpool en el noverno y
decimo puesto respectivamente. Miles, por su parte, (2005) indica
que el 81% de la población atribuye un valor significativo a estas
actividades culturales.

Wilkinson Eyre Architects, *Gateshead Millennium Bridge*, 2000

Valoración del proyecto según el modelo
de distrito cultural sistémico

Ambas ciudades han invertido en el incremento de la calidad y la
cantidad de la oferta cultural y del gobierno local. La estrategia dise-
ñada y las acciones de desarrollo local han transformado la imagen de
las dos ciudades, ofreciendo nuevas oportunidades de colaboración
tanto a nivel público como privado. Además ha quedado demostrada su capacidad de relanzar la actividad empresarial, orientándola al

conocimiento y la creatividad. Gracias a las acciones coordinadas de ambas ciudades ha sido posible desarrollar un sentido comunitario de pertenencia al territorio en conjunto y ofrecer una nueva imagen exterior, favoreciendo las relaciones con otras zonas inmersas en procesos de transformación similares. El facil acceso a las iniciativas culturales ofrece nuevas formas de aprendizaje para la comunidad, estructurando mecanismos de participación, crecimiento identitario y sentido de pertenencia a un territorio. La desindustrialización de los setenta se ha mitigado y se ha mejorado la imagen de la región interna y externamente, poniendo en valor el territorio, sobre todo en sus aspectos sociales y humanos.

Valencia: Renovación urbana, cultura y desarrollo social

Una serie de acciones han dado lugar a un extraordinario proceso de desarrollo del entorno urbano de Valencia y la Comunidad Autónoma. Dos proyectos en particular han modificado decisivamente la percepción y uso del territorio y promovido un nuevo desarrollo social y económico: el Plan de Rehabilitación Integral de Valencia –Plan RIVA– y la Ciudad de las Artes y de las Ciencias.

El RIVA busca promover la transformación del casco histórico de Valencia, de gran importancia por sus dimensiones (147 ha.) y sus características culturales y sociales. La zona ha sido siempre el corazón de la vida urbana, con una interesante estratitificación de culturas e influencias árabes y cristianas y otras debidas a las sucesivas transformaciones por el crecimiento de la ciudad. Sin embargo, a partir de 1910, el centro empezó a perder su carácter preponderante, con edificios obsoletos sin servicios mínimos, degradación social por las precarias condiciones económicas... A las inundaciones de 1957 por el desbordamiento del Turia siguió el rápido despoblamiento de la zona: de 56.391 habitantes en 1965 a 24.027 en 1996 (fuente: RIVA), el freno de la actividad económica y la degradación del patrimonio arquitectónico. Ello terminó por colapsar el sistema social y puso en evidencia la necesidad de elaborar un plan de regeneración de la zona en el terreno de las infraestructuras y el económico-social.

En 1992, el ayuntamiento y la Comunidad Autónoma crearon una agencia especial, la Oficina de Rehabilitación Urbana, con el objeto de elaborar un plan de recuperación del centro histórico. La colaboración condujo a estrategias coordinadas de intervención sobre el capital físico (edificios e infraestructuras), social, económico y cultural.

Las líneas de intervención incluían:

–Recalificación infraestructural y creación de «contenedores» para sectores económicos, sociales, culturales y educativos;
–Manternimiento de la población y atracción de nuevos residentes;
–Participación social en el desarrollo de la zona.

El proyecto incluía acciones sectoriales en el centro histórico. En la primera fase se intervino en Velleuters, el Carmen y el Mercat, tres áreas económica y socialmente críticas, fragmentadas y degradadas, con escasa oportunidades, desempleo y el 90% de las familias bajo el umbral de la pobreza (datos de 1992), problemas de eliminación de residuos y escasas zonas verdes.

El proyecto obtuvo financiación europea de los fondos URBAN 1 y FEDER, y financiación autonómica y local. Los recursos se asignaron según dos criterios:

–acciones indirectas como financiación a cuenta de capital y apoyo técnico a inciativas privadas;

–acciones directas, planificadas por las instituciones públicas y ligadas a acciones de renovación de las infraestructuras y a iniciativas para incrementar la población.

Entre 1992 y 2003 (fecha de los últimos datos disponibles) se han realizado:
  –1.825 reestructuraciones de inmuebles;
  –7.300 reformas de apatamentos;
  –68 nuevos espacios para actividades comerciales y de sevicios;
  –7 nuevos espacios culturales y educativos (Conservatorio, Instituto Valenciano de Arte Moderno, Universidad);
  –125 millones de euros en inversiones privadas;
  –participación de 30.000 ciudadanos en iniciativas ligadas al plan;
  –118.000 m² de espacios públicos reurbanizados;
  –335 viviendas de protección oficial;
  –crecimiento de la población en 500 personas, tras 30 años de descensos

La Ciudad de las Artes y las Ciencias también tiene su origen en 1957, cuando el ayuntamiento desvió el curso del Turia hacia el exterior de la ciudad. El espacio liberado fue objeto de un plan de reutilización que, según el RIVA, buscaba ofrecer nuevas posibilidades de desarrollo mediante la investigación, la educación, la cultura y el tiempo libre. A fines de los ochenta, la Comunidad y el Ayuntamiento convocaron un concurso internacional para la construcción de una torre de comunicaciones en el espacio liberado por el río, que fue adjudicado en 1991 a Santiago Calatrava, que también diseñó un complejo de edificios e infraestructuras de carácter cultural, educativo y recreativo. El primero de los cinco grupos de edificios se inauguró en 1998: el Museo de la ciencia, el Planetarium (uno de los mayores de Europa), el Palacio de las Artes para exposiciones temporales, dos auditorios con 2.200 localidades y un instituto de investigaciones oceanográficas. El área abarca 10 km^2 con 350.000 m^2 construidos. La gestión y desarrollo del proyecto y las iniciativas culturales y recreativas se confió a una empresa pública, hoy denominada Ciudad de las Artes y la Ciencias S.A. La inversión total fue de 19 millones de euros en el periodo 1992-2000 y actualmente el complejo tiene 4 millones de vistas al año.

Santiago Calatrava, Planetarium, Ciudad de las
Artes y las Ciencias, Valencia, 1998

Valoración del proyecto según el modelo
de distrito cultural sistémico

Los proyectos referidos presentan características innovadoras en el ámbito de la estrategia y de acciones políticas dirigidas a la transformación urbana, con sugerencias útiles para estimular el crecimiento físico, social y humano de un territorio. La ciudad ha dirigido sus intervenciones al incremento de la calidad y cantidad de la oferta cultural, tanto en el caso del centro como en la Ciudad de las Artes y las Ciencias, con un impacto positivo en la gestión de la crítica social, sobre todo en el centro. El proceso ha repondido a las necesidades del tejido social local, buscando dirigir el desarrollo del capital físico y elementos ligados al capital intangible, como el concimiento y la cratividad. La Universidad, los museos, el Conservatorio y los centros de investigación han contribuido a incrementar la calidad y la producción del conocimento, mientras que los espacios destinados a servicios y actividades comerciales se han reservado en la medida de lo posible al restablecimiento de la producción artesanal autóctona y al desarrollo de las empresas locales en campos como la moda o los servicios. Todo el proceso ha estado coordinado por el Ayuntamiento con la colaboración del resto de las instituciones y agentes sociales. Ello ha estimulado la creación de instrumentos de gobierno del territorio capaces de reconducir procesos agotados y dar respuestas innovadoras a las necesidades concretas. Gracias a ello se constata que la comunidad está instaurando un sistema de relaciones entre indivíduos y grupos que puede llevar a la formación de un nuevo acervo de capital social y humano para el conjunto de la ciudad.

Linz: del acero al conocimiento

Linz es la tercera ciudad de Austria, situada a orillas del Danubio, con 180.000 habitantes. Todavía es una ciudad industrial, side-rúrgica y química, y uno de los polos económicos nacionales más importantes. Además es un importante nudo de comunicaciones para Austria y Bohemia. Destaca en el campo musical y en las artes visuales y ha sido capital cultural europea en 2009 junto con Vilnus.

Linz experimientó un importante declive económico durante los sesenta y los setenta, al que ha sabido responder reorientando parte de su economía hacia los sectores del conocimiento y la tecnología.

Arts Electronica Centre,
TREUSCH architecture, Linz, 2009

Junto a ello se transformó radicalmente la imagen de la ciudad gracias a tres eventos culturales que por si solos han generado un nuevo modelo de desarrollo, convirtiendo la cultura en instrumento de planificación del territorio y en activo económico y social: la exposición Forum Metall de 1977, la bienal multimedia Ars Electronica y el festival musical al aire libre Cloud of Sound. Forum Metall fue una exposición de productos y objetos de diseño producidos con metal y plástico, productos industriales trípicos de Linz, de gran impacto sobre el ambiente productivo por ofrecer nuevas posibilidades de empleo de estos productos, propiciando la interacción entre diseño y cultura industrial.

El orígen de Ars Electronica fueron las muestras de música electrónica introducidas en el festival Bruckneriano, un evento anual veraniego que tiene lugar desde 1974 en la Brucknehaus, inaugurada ese año en memoria del conocido compositor, nacido en Linz. En 1978 se incorporaron experiencias en el campo de la intersección entre música, tecnología y artes visuales. La *performance* de la primera edición en el parque del Danubio fue un acontecimiento muy novedoso que marcó profundamente a la cultura de la ciudad, con 100.000 espectadores. Al año siguiente se organizó un nuevo festival denominado «Ars Electronica»[1], dedicado a presentar las nuevas aplicaciones informáticas en la música y artes visuales.

En 1987, Ars Electronica adquirió una cadencia bienal y se convirtió en «Prix Ars Electronica», alojado desde 1996 en un nuevo edificio: el Museum of the Future, que hoy en día es uno de los espacios más visitados de Austria, con un programa didáctico para las escuelas y zonas polivalentes para iniciativas culturales. De los intercambios que allí han tenido lugar entre tecnólogos y artistas ha surgido el FuturLab, un centro de investigación que primero se dedicó a la resolución de problemas técnicos de la producción mul-

---

1   http://www.aec.at/de/index.asp

timedia del festival y luego se amplió a la investigación general en el campo de las nuevas trecnologías. El centro colabora en el diseño de entornos virtuales para grandes empresas como Oracle, Microsoft e IBM y realiza encargos externos, en colaboración con la universidad. Cloud of Sound, por su parte, también desarrolla colaboraciones análogas en el campo de la música y las artes escénicas.

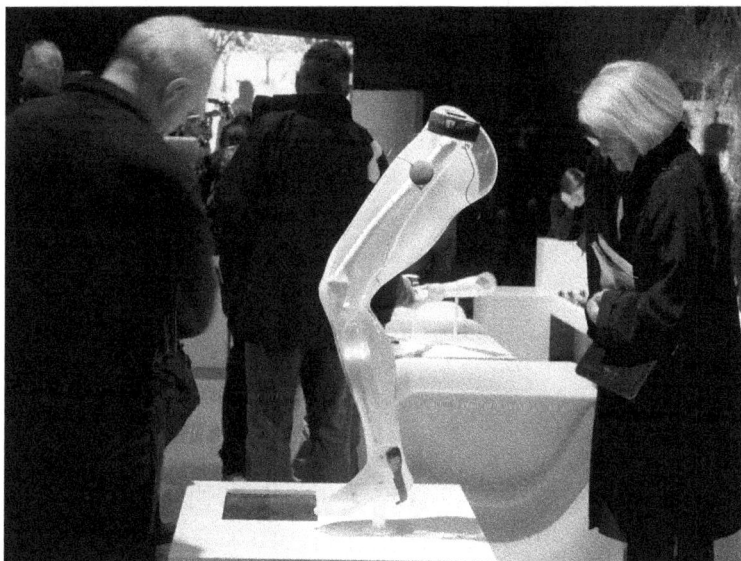

Exposición The Intelligent Prosthesis of the Future, Ars Electronica Centre, Linz, 2009

Estas iniciativas han situado a Linz como un centro de excelencia cultural, creando las premisas necesarias para una nueva modalidad de desarrollo local ligado a la cultura, a la creatividad y a la innovación, que además estimula la competitividad del resto del sistema productivo. Ars Electronica ha facilitado la interacción entre artistas, técnicos e investigadores, ofreciendo soluciones innovadoras a problemas estéticos y empresariales. Además ha situado las manifestaciones artísticas en el territorio de forma estable y ha fomentado la participación social a través del Museum of the Future, que es, por su parte, un valioso elemento de promoción de la ciudad.

Con estos presupuestos fue elaborado en el 2000 el plan estratégico municipal de desarrollo «Linz –de ciudad del acero a ciudad de la cultura», que ha contado con la participación de economistas, artistas, políticos y ciudadanos. Se presenta a sí mismo como «work in progress» para dirigir el desarrollo urbano, que parte de la historia y las tradiciones de la ciudad para centrarse en la innovación tecnológica a través de la cultura, las tecnologías de la información y los media, y ha sido capaz de atraer gran cantidad de talentos extranjeros gracias a la calidad de vida en la ciudad y las posiblidades de experimentación y libertad de acción, y a los intercambios culturales organizados por Ars Electronica.

El plan identifica la creatividad, la mobilidad, la imaginación y la intuición como claves del desarrollo local, que son cualidades que se expresan mediante la cultura, hacen crecer el conjunto de la vida de la ciudad, fomentan el desarrollo económico y aumentan las oportunidades laborales. En realidad Linz cuenta ya con notables infraestructuras culturales. Por ejemplo, uno de los principales centros de producción de programas de la ORF (Österreichische Rundfunk, la empresa nacional de radiotelevisión). Ha dado lugar a la transformación del Leihmuseum, la galería municipal de arte contemporáneo creada en 1946 apertura de la Galería de Arte Contemporáneo, una sala de conciertos y la rehabilitación de la antigua estación ferroviaria como centro de formación en nuevas tecnologías.

Los fondos estatales para la puesta en práctica del plan se emplearán en iniciativas novedosas y originales en los campos de desarollo sostenible a largo plazo, conservación del patrimonio e integración social mediante el desarrollo de zonas urbanas desfavorecidas. Se trata de una iniciativa con características muy originales desde la perspectiva de financiación, con elementos típicos de la empresa privada tales como la participación de capital riesgo en la financiación de los espacios y las estructuras culturales, dada la estrecha relación establecida entre estos y el futuro sistema productivo. En concreto se intenta mantener la excelente calidad de la oferta cultural y de conservación del patrimonio, promover la investigación en el campo de los media, establecer redes de colaboración entre los recursos artísticos, culturales y científicos, como laboratorios productivos para Linz y el norte de Austria, y promover un sistema de relaciones entre empresa y cultura que pueda fortalecer la competitividad del sistema económico local mediante la creatividad. En definitiva, dotar a linz de una identidad basada en una combinación de factores que incluyan la productividad, las tecnologías de vanguardia y la cultura como potencial creativo y factor crucial para la innovación.

Valoración del proyecto según el modelo
de distrito cultural sistémico

Linz se ha embarcado en un proceso de reorientación productiva gracias al desarrollo de una oferta cultural variada y de calidad, estimulada por la capacidad financiera de las administraciones públicas y de una visión del valor de la innovación y la creatividad en campos artísticos consolidados como la música o las artes visuales. La novedad en Linz no es la alta calidad de la oferta cultural, sino la voluntad de estimular el talento local y la calidad de la producción del conocimiento, ya sea mediante iniciativas en concreto o por la creación de infraestructuras como el Future Lab y los centros de investigación de la universidad relacionados con el Museum of the Future. Ello ha atraído nuevas empresas y talentos a la ciudad, haciendo crecer el capital social y humano de la zona. En el plan del gobierno local se incluye la participación de la población y su acceso a la cultura para propiciar la inclusión y la gestión de la crítica social, estableciendo fórmulas de relación entre los ciudadanos y entre ellos y el exterior. Además ha hecho concebir modos innovadores de gobierno local para promover el desarrollo sostenible y a largo plazo de la ciudad mediante la cultura.

Denver: los recursos culturales al servicio de la comunidad.

Denver presenta un modelo de desarrollo basado en la cultura que involucra a instituciones y empresas locales. Es la capital del tiempo libre de Colorado, que destaca por la belleza paisajística y la gran oferta de ocio, sobre todo en el campo de los deportes de invierno (en la ciudad hay instalaciones de las asociaciones profesionales de los principales deportes de EE.UU). Hasta hace algunos años, las visitas turísticas a Denver eran sobre todo por el deporte y el ocio; pero ahora lo son por la cultura. Ello no es casual, sino el resultado de políticas públicas y estrategias de desarrollo consensuadas con todos los agentes sociales.

En 1989 nace el SCFD –Social and Cultural Facilities District[2], una agencia pública dedicada a financiar instituciones y actividades culturales en cinco condados del Estado, incluyendo Denver. La financiación proviene de la asignación de un céntimo de dólar por cada diez facturados dentro de los condados (el 0,0001% del PIB local). Ello permitió recaudar 14 millones de dólares en 2000, de 154 organizaciones diferentes, para aumentar a 31 millones en 2001. Con ello se han financiado actividades de 300 asociaciones culturales. En 2005 se recaudaron 38.3 milones para unas 350 asociaciones. Existen tres niveles de financiación. En el primero se apoya a las cuatro instituciones regionales más importantes con el 65.5% de los fondos. En el segundo, a 25 con el 21%, en el tercero, a unas 280 organizaciones con el 13.5%.

---

2 Véase: http://www.scfd.org/

Museo de Arte de Denver, Edificio Frederic C. Hamilton, Studio Daniel Libeskind y Davis Partnership Architects, 2006

El impacto del proyecto se ha medido mediante informes del Colorado Business Committee for the Arts (CBCA). La última, de 2006, realizada por la consultora Deloitte & Touche con patrocinio de la Cámara de Comercio Metropolitana de Denver (DMCC –Denver Metro Chamber of Commerce), ofreció los siguientes resultados[3]:

–Frente a la asistencia de 4,5 millones de personas a eventos deportivos profesionales, y de 8,2 millones a eventos de deportes de invierno, 14,1 milllones de personas han asistido a eventos culturales, más del doble de la población del Estado.

–El impacto sobre la actividad económica de la financiación de la SCFD a asociaciones e instituciones ha aumentado rápidamente en los últimos años, de una facturación de 461 millones en 1999 a 1.083 en 2001, para alcanzar 1.400 millones en 2005. De estos, 785 en el sector cultural, 595 en hostelería y 44 en gastos de capital

---

3 Véase http://www.cbca.org/econbiannual.asp

–El empleo directo en los sectores culturales ha crecido de 4.700 en 1997 a 10.800 en 2005, convirtiéndose en el sexto empleador privado del área metropolitana de Denver, con un gasto salarial que ha crecido de los 28 millones de 1989 a 95 millones en 2005;

–El capital invertido por la SCFD ha producido un retorno de 10:1 (datos de 2005). Con una inversión de 38.3 millones de dólares se han generado 387 millones provenientes del turismo cultural, subvenciones y otros ingresos.

Kevin Roche, Denver Centre for the Performing Arts, 1978-79

Estos datos muestran la importancia de los efectos económicos de la cultura. Las claves del éxito de la SCFD han estado en la atención prestada, en la selección, a la factibilidad de los proyectos, su impacto económico y ocupacional, sus réditos en términos de contribución a la calidad del entorno urbano y las ventajas para los ciudadanos; así como la adecuada fiscalización de las instituciones y asociaciones beneficiarias.

A parte de los datos económicos, estas actividades han supuesto un éxito indiscutible en el contexto estratégico de la formación de una nueva conciencia colectiva comunitaria, en los procesos de regeneración de zonas urbanas deprimidas y en la formación, asistencia e integración de sectores sociales como la juventud o la tercera edad. Más de un millón de personas, casi el 25% de la población del Estado, han participado en cursos formativos de carácter cultural y los programas educativos han contado con la participación de 2 millones de estudiantes, casi cuatro veces más que la población estudiantil de la zona, y casi el 60% de la participación en actividades culturales ha sido gratuita o a precio reducido.

No menos importante ha sido el impacto económico indirecto de estos programas. El CCSC –Chamber's Cultural Scientific Committee, es una institución compuesta de dirigentes económicos y culturales, creada para planificar las iniciativas y ayudar a las empresas a incorporar valores ligados a la innovación y la creatividad. El objetivo consiste en crear un sistema de relaciones entre economía y cultura para estimular el crecimiento económico y en especial la capacidad creativa y de resolución de problemas en la empresa.

Hay programas, como Leadership Arts, dirigidos a la formación artística de los cargos ejecutivos y para que los empresarios se relacionen en un contexto poco habitual e innovador; y también programas para estimular la creatividad de los trabajadores; por ejemplo exposiciones de artistas aficionados que trabajan en empresas colaboradoras. También se ha creado un premio, Business In The Arts Award, para empresas que apoyan la cultura y estimulan la participación de los trabajadores, sean innovadoras y no dañen el medio ambiente.

*Valoración del proyecto según el modelo
de distrito cultural sistémico*

Las políticas culturales puestas en práctica en Denver han aumentado y mejorado la oferta cultural. Además han dado lugar a un crecimiento exponencial de la participación ciudadana, como muestra el impresionante crecimiento de las horas dedicadas al voluntariado. Por otra parte se ha favorecido el acceso de estudiantes y de categorías sociales con pocas posibilidades de acceso a la cultura. Las actividades educativas se han orientado a estimular el aprendizaje y el desarroyo de las capacidades críticas y lógicas. Las acciones conjuntas de la SCFD, el Ayuntamiento y la Cámara de Comercio han mejorado además el ambiente de trabajo e incrementado la confianza de los trabajadores en las empresas, lo cual permite a estas mejorar las relaciones laborales y crear redes internas para la resolución de conflictos y la generación de nuevas oportunidades.

Keep Austin Weird. Cultura e inclusión social

Austin es la capital de Texas y la cuarta ciudad más poblada del Estado. Como en la mayoría de las ciudades sureñas, la economía de la zona depende de la industria petrolífera, la agricultura y la ganadrería, en un contexto social y empresarial conservador. Pero algo comenzó a cambiar a principios de los noventa con implicaciones relevantes a corto plazo. Por ejemplo, la lista Forbes, en colaboración con el Milken Institute, comenzó a situar a Austin sistemáticamente como uno de las diez mejores ciudades de EE.UU. para emprender y trabajar. «Mantener Austin extravagante» ha sido la consigna cultural de la nueva imagen de la ciudad. A pesar de la dura competencia de Houston, Dallas-Ft Worth y San Antonio, Austin ha coseguido situarse en el mapa económico norteamericano gracias a políticas culturales planificadas «de arriba abajo» que estimulaban el asentamiento de empresas e inversores en campos como la tecnología de la información, buscando convertirse en un nuevo Silicon Valley. Richard Florida (2002) cita la ciudad como ejemplo paradigmático de la clase y la ciudad creativa por su ambiente físico e institucional propicio a la actividad económica. Las políticas públicas han conseguido atraer a Austin a muchos grandes operadores del campo de las nuevas tecnologías, como, por ejemplo, Motorola, Texas Instruments, Samsung, IBM, Dell, AT&T, Qualcomm, Intel y Tmobile. Además se han contrarrestado los altibajos cíclicos de la industria informática diversificando la economía local hacia secvtores como la automoción, biotecnología, automoción, transporte, logística y alimentación. Las iniciales políticas jerárquicas de desarrollo local se han complementado rápidamente con acciones de base implementadas por un empresariado local muy activo, que ha terminado por tomar la iniciativa con nuevas actividades y proyectos y, sobre todo, creando sólidas redes de cooperación e intercambio de ideas.

Los resultados en la década pionera de los noventa son evidentes: la renta per cápita ha crecido de 18,092 dólares en 1990 a 32,039 en 2000; 280,000 nuevos empleos generados y un aumento del 130% del valor de los inmuebles, alcanzando la vivienda un precio medio de 200,000 dólares. En todo ello han tenido un papel crucial los sectores de investigación y educativos. La Universidad de Texas en Austin ha establecido numerosos departamentos y centros de investigación en la ciudad, alcanzando niveles de excelencia nacional en algunos de ellos, como la informática. En este momento existen numerosos consorcios de investigación en la zona y el nivel educativo se ha consolidado entre los veinte más altos del país, según la lista Forbes-Milken.

Los recursos económicos iniciales necesarios para la transformación económica de Austin se obtuvieron inicialmente de las plusvalías del sector petrolífero, para luego dar lugar a un crecimiento endógeno autosostenido con las nuevas tecnologías como motor principal. No obstante, no se puede atribuir este crecimiento a una mera copia sureña del modelo de Silicon Valley. Primero por su capacidad de diversificación económica; pero también por la calidad de vida y ambiental, los excelentes servicios públicos, un aceptable coste de la vida y una comunidad multiétnica bien integrada y sin tensiones.

Sede de DELL en Round Rock, cerca de Austin

A nivel más profundo, lo más relevante en el éxito de Austin ha sido la capacidad de la ciudad de reinventar su identidad gracias a un ambiente cultural abierto a la innovación y la originalidad. Se trata de un área de medio millón de habitantes con más de 100 espacios escénicos y musicales; una excelente colección pública de arte moderno y contemporáneo, albergada en el Austin Museum of Art; un centro musical y operístico, the Zachary Scott Theatre, además del Teatro Musical de Austin, una Ópera y dos compañías nacionales de danza: la Tapestry Dance Company y The Rude Mechanicals. Cada año, en septiembre, la ciudad organiza el Austin City Limit Music Festival de pop/rock, que atrae a más de 200,000 visitantes, y el South by Southwest Festival, que muestra los últimos desarrollos tecnológicos aplicados a los media y las artes escénicas y programa actuaciones, conciertos, proyecciones, debates y conferencias divulgativas.

Cartel del festival de música Austin City Limits

El empresariado local y foráneo ha percibido muy claramente el potencial de este rico ambiente cultural como elemento de ventaja competitiva y atracción de talentos. Samsung ha invertido 1.300 millones de dólares en un centro de producción de chips de alta densidad en 2001 y ha donado 300.000 dólares para el nuevo Centro de Artes Escénicas, estimulando a otras empresas a hacer lo mismo.

Como puede verse, todo ello concuerda perfectamente con las ideas de Florida sobre la necesidad de promocionar las clases creativas como motor de desarrollo local: aumentar la calidad de vida, basar el desarrollo en la creatividad y la innovación, etc. Pero Austin es mucho más que un ejemplo de la receta de Florida. La clave de su desarrollo se encuentra sobre todo en la amplia participación de los ciudadanos y los actores sociales en estas iniciativas. Un ejemplo de ello es la empresa municipal Big Austin, que apoya financieramente nuevas iniciativas empresariales, o la Entrepreneurs Foundation of Central Texas, una asociación de empresarios filántropos con más de 170 socios, que apoya proyectos de ONGs locales y, por ejemplo, ha conseguido que las empresas de base tecnológica creen un fondo para apoyar a los damnificados del huracán Katrina evacuados a la zona. Aquí lo más interesante es el mecanismo de redistribución entre los más desfavorecidos de las plusvalías generadas por la industria *High-Tech*, buscando preservar la diversidad social de la zona, más bien que convertirla en un ghetto dorado de clases creativas. Se trata de una perspectiva que trasciende la filantropía empresarial habitual, el rédito económico y la creación de empleo para preservar y aumentar activos intangibles de capital social y simbólico, dando lugar en este caso a una ciudad «guay» y «enrollada», abierta y favorable al desarrollo humano integral. Los datos económicos hablan por sí mismos a quien piense que tratamos de utopías: de 74 patentes registradas en 1975 a 2.014 en 2001, un aumento del 2621%, mientras que el aumento medio del país fue del 100%; un 36.1% de la mano de obra dedicada a actividades postindustriales intangibles, con un salario medio de 52,285 dólares y el 54.4% de los costes salariales de la zona (12.000 millones).

En otras palabras, las políticas de igualdad y dirigidas a estimular la participación ciudadana favorecen el desarrollo económico postindustrial y creativo; los empleos generados son de mayor calidad y valor añadido y se atraen talentos del exterior. Además los réditos económicos de la excelencia creativa se redistribuyen en un círculo virtuoso que no muestra contradicciones entre lo económicamente efectivo y la responsabilidad social. Pero el progreso de Austin no ha sido un camino de rosas, sobre todo por la exposición de la economía local a los ciclos y turbulencias de las empresas tecnológicas. Con el estallido de la burbuja tecnológica a principios de la década, Austin cayó en la lista Forbes-Milken del puesto 19 en 2002 al 59 en 2003, lo cual explica en parte el impulso de diversificación de su economía local en estos años y muestra la rapidez y eficacia con la que el gobierno local inició programas de relanzamiento enconómico, como el plan de promoción empresarial Opportunity Austin de 2003. Las crisis cíclicas son inevitables, pero los sistemas económicos locales responden ante ellas de maneras diversas y, en este caso, es de resaltar la capacidad de Austin de reaccionar adecuadamente en modo cooperativo. Tras algunos años de bajadas en la lista Forbes-Milken, que coincidieron con la fase de reformas (al puesto 58 en 2004 y al 64 en 2005), la ciudad volvió a subir al puesto 20 en 2007 (basado en datos de 2006), lo cual indica que ha desarrollado una capacidad adaptativa homeostática a los ciclos económicos gracias a su habilidad para mantener un entorno social rico, diverso y a la vez cohesionado, lo cual convierte a Austin en un ejemplo paradigmático de cómo funciona en la práctica los distrituos culturales sistémicos.

Valoración del proyecto según el modelo
de distrito cultural sistémico

En el caso de Austin observamos una multitud de iniciativas con objetivos diferentes que, sin embargo, se caracterizan en conjunto por su dimensión de responsabilidad social. No solo se ha transitado del desarrollo y la atracción cultural al crecimiento económico, sino también a un replanteamiento del tejido social local en la línea de la participación, de modo congruente con las estructuras sociales típicas de la enconomía postindustrial. Es evidente el carácter jerárquico y centralizado de tales transformaciones, al partir de una iniciativa municipal; pero también la positiva reacción social, en un círculo virtuoso de arriba-abajo y de abajo-arriba según el cual cada iniciativa obtiene una respuesta inmediata de la otra parte. Con ello queda demostrada la calidad del gobierno local, como ha reconocido el Milken Institute y confirman ejemplos como Big Austin. Además se ha estimulado el diálogo creativo y el establecimiento de redes sociales, el aumento cualitativo y cuantitativo de la oferta cultural y la drástica mejora de la educación. Por otra parte se ha prestado gran atención al desarrollo y la promoción del talento local, como en el caso del Arthouse Texas Prize, organizado por una institución para la promoción del arte contemporáneo, la Arthouse Texas, que cada año realiza una búsqueda extensiva de nuevos talentos artísticos en la zona. O también la exposición anual New American Talent, que, desde Austin, hace lo mismo en todo el territorio norteamericano con una vocación de impacto global. Aunque, de nuevo, lo más significativo de estas políticas es su repercusión social y comunal. Por ejemplo en el caso de la Entrepreneurs Foundation of Central Texas, o también el programa educativo Access to Learning, dirigido a los sectores más desfavorecidos con la colaboración de las principales instituciones educativas y culturales, que además muestra un alto nivel de colaboración entre los agentes sociales.

Cartagena de Indias (Colombia): cultura, desarrollo y regeneración social[4]

Una lectura del patrimonio cultural del centro histórico de Cartagena en clave de Distrito cultural sistémico muestra una extraordinaria riqueza de actividades y contenedores culturales: la educación (universidades pública y privadas, instituciones de enseñanza media como la Escuela de Bellas Artes y Música, la corporación Rafael Núñez, la Escuela Taller de Cartagena de Indias), los museos (Museo del Oro, Museo de Arte Moderno, Museo de la Inquisición, Museo de la Esmeralda, Museo de Historia de la Ciudad, Museo Naval, Museo del la Fortificación, etc.), los teatros, las bibliotecas del centro histórico y de la periferia (Biblioteca de Distrito Jorge Artel, Centro Cultural Las Palmeras, Biblioteca Juan de Dios Amador, Biblioteca pública del barrio Fredonia, Biblioteca pública Caimán y centro cultural Estefanía Caicedo, Biblioteca José Vicente Mogollón, Biblioteca Pública de Bayunca, Biblioteca Balbino Carreazo), y también las numerosas actividades culturales ligadas a la tradición (Fiesta de la Independencia, Carnaval de Barranquilla), o aquellas más recientes.

Existe también un nivel notable de actividad productiva característica de la identidad y la cultura local: la producción de hamacas de San Jacinto, la orfebrería de oro y plata de Monpós, la producción de artículos de lujo con esmeraldas (el 70% de la producción mundial de esmeraldas es colombiana), o la sastrería artesanal del centro de la ciudad.

4 Este estudio se realizó para el Programa para la Revitalizaciòn del Centro Històrico de Cartagena de Indias-Colombia", financiado por el Banco Interamericano de Desarrollo entre 2007 y 2008, encargado a Glass Architettura e Urbanistica srl de Venecia.

Estas dotaciones productivas se enfrentan a graves problemas. El primero de ellos se liga a la relación entre el centro histórico y la periferia. Cartagena es mundialmente famosa por su centro histórico. Además, para buena parte de la población residente, el centro histórico se percibe como el único lugar donde puede alcanzarse un cierto nivel económico y social. Hay unos 20.000 habitantes en el centro de la ciudad, otros 20.000 que se desplazan a él a diario y más de 17.000 estudiantes que asisten a las diferentes instituciones educativas. Si se considera que la población total de la ciudad alcanza los 900.000 habitantes, puede imaginarse la presión a la que se somete esta zona. Los efectos son evidentes: especulación inmobiliaria y desplazamiento de la población autóctona a áreas marginales de la periferia (gentrificación), con la consiguiente depauperación

Cartagena de Indias. Entrada al centro histórico por la puerta del Reloj

de la vitalidad y la identidad del centro, estimulada además por la transformación gradual de las viviendas en hoteles, restaurantes, negocios, etc.,

El impacto de este nuevo modelo de «bienestar», llegado del exterior junto con el turismo y los nuevos residentes, se muestran también a nivel social. La referencia a un modelo identitario externo sin ninguna posibilidad de mediación con el modelo autóctono lleva a la población a identificarse con un estilo de vida y comportamiento que no supone una evolución desde su propia situación, sino la asunción acrítica del de otros. Esto significa, por ejemplo, que la percepción del nivel de subsistencia por parte de la población local ya no es el de la supervivencia, sino el que corresponde a ciertos estilos de vida, de comportamiento y de consumo típicos de los países más avanzados (y ricos). En otras palabras, la población asume un modelo identitario ajeno sin contar con los medios para mantenerlo y, para poder imitar este nuevo modelo «consumista», los sectores más débiles se dedican a actividades delictivas. Se asiste al abandono progresivo de las tradiciones, ya como estilo de vida, ya como modelo productivo, mientras la pérdida de la identidad lleva consigo una creciente condescendencia y la disponibilidad de la población a satisfacer cualquier demanda de los turistas, lo cual está derivando ocasionalmente en graves episodios, como el de la prostitución infantil, incluso favorecida por los propios padres.

La falta de coordinación de las iniciativas culturales locales conduce al abandono progresivo de las tradiciones locales más frágiles e incapaces de defenderse del proceso. Un ejemplo de economía local insostenible y descontextualizada es el «estilo Miami» de la playa de Bocagrande, donde la arquitectura local se ha sustituido por rascacielos, grandes hoteles y zonas de ocio típicos de otros entornos, mientras que en el centro ya no existen restaurantes que ofrezcan cocina típica local. Naturalmente, a corto plazo, los efectos del desarrollo incontrolado han supuesto un aumento de beneficios (en ciertos sectores), aunque a largo plazo terminará por colapsar, mientras los flujos turísticos tienden a lugares capaz de ofrecer peculiaridades locales y no imitaciones de otros contextos.

También el artesanado, presionado por la necesidad aparente de satisfacer la demanda turística, transita hacia nuevas formas de producción que no provienen de la originalidad local. A menudo se ofrecen productos de escaso valor añadido, dirigidos a un mercado estacional, ligado a los flujos turísticos.

Propuestas posibles de intervención.
El Núcleo Cultural de Cartagena

El proceso anterior es favorecido por la falta absoluta de políticas públicas coordiandas. El único ejemplo que puede encontrarse de voluntad de coordinación y desarrollo de acciones conjuntas son las agrupaciones productivas, por ejemplo las asociaciones de artesanos, bibliotecas, artistas, etc., que, sin embargo, no siempre son representativas del sus sectores correspondientes, existiendo muchas veces más de una asociación para cada tipo de actividad.

Pero, por otra parte, en Cartagena de Indias nos encontramos ante un complejo de dotaciones materiales e inmateriales que proporcionan una sólida base para el desarrollo de proyectos de desarrollo cultural, orientados a mejorar la calidad de la producción de conocimiento, el desarrollo del talento local, la gestión de la crítica social y de la marginación, la capacitación y formación de la comunidad local y las redes relacionales internas y externas.

En especial, la ciudad requiere intervenciones que contribuyan al equilibrio entre el centro histórico y la periferia, orientadas a 1) reducir el desequilibrio territorial y la presión sobre el centro (especulación, construcción, gentrificación, etc.); 2) redefinir la identidad local, reforzándola y estimulándola con actividades culturales específicas; 3) extender la percepción de la dimensión urbana más allá del centro histórico, individualizando nuevos puntos de referencia en la periferia; 4) crear identidad y socialidad; 5) conseguir que la periferia se convierta en nuevo foco de producción y desarrollo del territorio en su totalidad y reforzar los elementos que caracterizan la singularidad y el atractivo del centro histórico; 6) estimular el desarrollo profesional del territorio mediante el encuentro entre las artes, las culturas y los saberes locales y globales.

Un elemento fundamental para llevar a buen término las propuestas es el proyecto Transcaribe, un sistema de infraestructuras de transporte que conectará el centro histórico con Lamparos, en la periferia. Se trata de una iniciativa en fase de ejecución que modificará radicalmente las áreas en las que se desarrolla, siguiendo el ejemplo del TransMilenio de Bogotà, donde las zonas involucradas, sobre todo las marginales, han aumentado sustancialmente su desarrollo económico, social y cultural. En Cartagena, la idea consiste en la creación de un eje centro-periferia, es decir, un nuevo centro fuera del centro histórico, situado cerca del final del trayecto del Transcaribe donde se concentren buena parte de las infraestructuras e instituciones culturales de la ciudad: el nuevo Núcleo Cultural de Cartagena (NCC).

El NCC es una institución pública concebida como como conexión entre el centro y la periferia para restituir la unidad territorial del sistema identitario local, estimulando el desarrollo de nuevas actividades económicas o renovando las existentes. Una de sus tareas consiste en desarrollar redes internas y externas de intercambio cultural: redes internas entre entidades públicas y privadas locales como las bibliotecas, la Universidad Pública de Cartagena, el Festival Internacional del Cine y TV, la Escuela del Cuerpo de Cartagena, el Museo de Arte Moderno, la Escuela de Bellas Artes y Musica, la Asociación de Artesanos, la Asociación de Productores de Esmeraldas y Joyería, la Asociación Centro Histórico, la Escuela Taller Cartagena de Indias, el Museo Histórico de Cartagena, la Cámara de Comercio y el Festival Internacional de Música. Y redes externas nacionales, como Monpós para la filigrana, San Jacinto para tejidos y materiales naturales (por ejemplo hamacas), y la Escuela de Artes y Oficios de Bogotá–Santo Domingo para estimular el sector del diseño aplicado a la artesanía. En el ámbito internacional, se han establecido relaciones con instituciones italianas, incluyendo la Universidad IUAV de Venecia y la Incubadora de Asolo de Diseño y Comunicación.

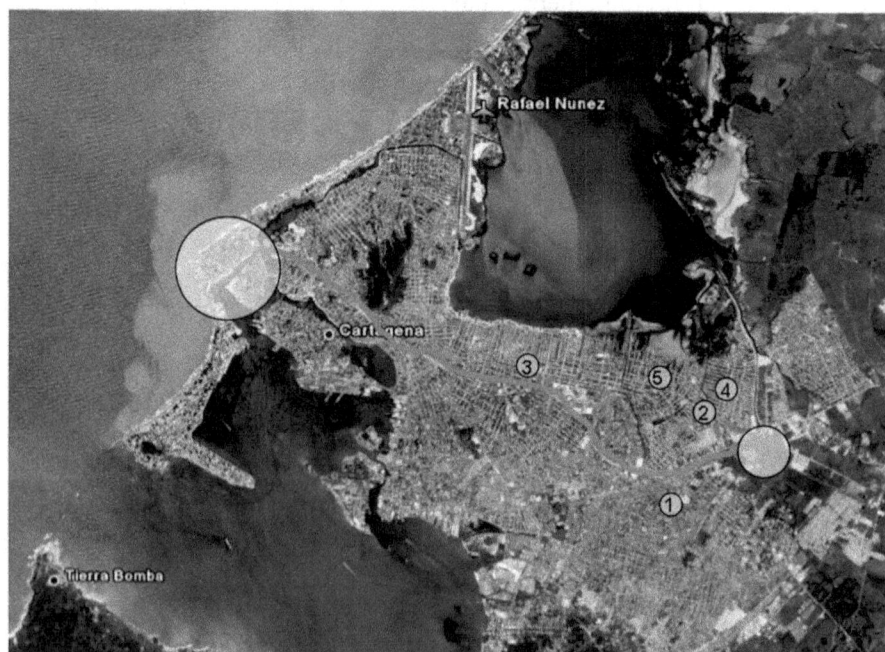

Avenida Transcaribe y secuencia de equipamientos culturales 1. Biblioteca Distrital Jorge Artel. 2. Centro Cultural Las Palmeras. 3. Biblioteca Juan de Dios Amador. 4. Biblioteca Pública del barrio Fredonia. 5. Bibliteca Pública Caimán.

Líneas estratégicas de la política cultural del NCC

Capacitación: desarrollo de las capacidades específicas
de la comunidad local para su participación
en la oferta cultural

Se ha dirigido la atención al sistema educativo universitario presente en el centro histórico, en particular a la Universidad Pública de Cartagena, y a la posibilidad de crear sinergias entre esta y las nuevas propuestas educativas del NCC. A diferencia de las líneas estratégicas que siguen, centradas, sobre todo, en la promoción de las nueva producción cultural, la capacitación se enfocará a la cualificación profesional ligada al turismo y al consumo cultural, mediante la creación de una escuela de diseño coordinada con las tres actividades fundamentales del sector: diseño de tejidos (moda, tejidos), diseño de joyas (oro, plata, esmeralda) e innovación (investigación de nuevos materiales, uso de la tecnología). El objetivo es modernizar la producción artística y artesanal local mediante la modernización del diseño, sobre todo en joyería y tejidos, para elevarlo a niveles internacionales de consumo y de gusto. La idea es estimular contactos entre el sistema productivo local y los desarrollos contemporáneos del diseño en el ámbito internacional, aprovechando, por ejemplo, la infraestructura física suministrada por la red de bibliotecas y, sobre todo, aquellas de la periferia para especializar la zona en dirección contemporánea; mientras se procura mejorar la calidad de la artesanía más tradicional del centro histórico, fortaleciendo y confiriendo mayor identidad a todo el sisterma productivo.

Esta iniciativa se acompañará de una pequeña incubadora de microempresas y otras formas de apoyo al empresariado artesanal juvenil, por ejemplo un sistema de microcréditos. La incubadora, gestionada por la Cámara de Comercio de Cartagena, se orientaría sobre todo a las nuevas generaciones de artesanos; pero también se ha contemplado un programa de educación contínua y capacitación profesional para la generación más madura. La consigna es «piensa global, actúa local». Hasta ahora, en Cartagena se ha pensado global y se ha actuado global sin los instrumentos económicos y cognitivos adecuados. El resultado ha sido el deterioro de la identidad local y la socialidad, el empobrecimiento progresivo de los estilos de vida y de la calidad de la producción artística, algo que se pretende paliar con la creación de una facultad de diseño que permita desarrollar la red de relaciones locales, nacionales e internacionales necesaria para la evolución de la producción artesanal y artística en clave contemporánea.

Mientras la periferia puede ser rescatada de su marginalidad mediante el establecimiento de instituciones y la cración de infraestructuras que den lugar a círculos virtuosos de regeneración, el centro histórico reforzará su atractivo internacional, ligándolo, no solo a lo que fue, sino también a lo que puede ofrecer y renovar hoy y en el futuro. La facultad de diseño y su capacidad de innovar se transferirán a la incubadora de empresas, favoreciendo la reorientación productiva/cultural hacia formas modernas de expresión artística, sin perder de vista sus propios orígenes y peculiaridades; pues la oferta formativa, articulada en varios niveles, se difundirá por el territorio «de abajo a arriba», empleando como instrumento la red de bibliotecas y otras instalaciones culturales, las asociaciones profesionales y las instituciones).

Así el sistema educativo podra enriquecer su propia oferta con la única facultad de diseño de Colombia y el sistema productivo podrá beneficiarse de la formación de profesionales muy especializados y de la red de relaciones nacionales e internacionales que este puede proporcionar. Ello pondrá en valor y difundirá los valores autóctonos de trabajo artesano y, especialmente, su dimensión de independencia económica y social, ofreciendo elementos de juicio que permitan recibir de modo más crítico los estímulos provenientes del exterior (como el turismo, los mass media, etc), en lugar de ser víctima de sus efectos desestructurantes. Finalmente, el sector turístico se verá beneficiado por la consolidación de la peculiaridad y unicidad de los productos locales haciéndolos destacar sobre el artesanado de otras áreas de Colombia y el exterior.

Los actores implicados directamente en este componente del NCC son la Universidad Pública de Cartagena, la Cámara de Comercio, las asociaciones de artesanos locales y de zonas limítrofes (Monpós, San Jacinto), además de, naturalmente, todo el sector turístico del centro histórico y las iniciativas públicas (Concurso Nacional Miss Colombia, Museo del Oro, Museo de Arte Moderno, Museo de la Inquisición, Museo de la Esmeralda). Ya se han establecido contactos y los primeros compromisos, de manera informal, para la colaboración de la Escuela de Artes y Oficios de Bogotá y de la Universidad IUAV de Venecia (Italia).

Sostenibilidad cultural y reorientación identitaria.
Actuaciones dirigidas a los jóvenes.

Se ha planeado un laboratorio urbano dedicado a las artes escénicas (teatro, música, danza) visuales (fotografía, vídeo arte, diseño gráfico, cine, artes plásticas, pintura), artesanales (tejidos, materiales naturales, metales preciosos) orientado a jóvenes entre 14 y 25 años. Sus objetivos son, por una parte, estimular y canalizar la creatividad juvenil más o menos espontánea y, por otro, relacionarla con la reflexión sobre el sentido y el valor contemporáneo del patrimonio cultural. Las actividades propuestas incluyen:

1) Laboratorio de cine y fotografía: a cargo de profesorado local. Promueve la producción audiovisual amateur sobre la comunidad local (arte, historia, identidad, naturaleza, etc.), con cursos y seminarios donde los jóvenes aprenden a emplear tecnologías para la producción fílmica. También se ha propuesto la creación de un premio de cortometrajes de directores jóvenes en el contexto del Festival de Cine de Cartagena, un lugar donde la producción audiovisual local se confronta con la internacional.

2) Música: en este ámbito se prevee la creación de un espacio ad hoc donde tengan lugar contactos entre la música tradicional local y la moderna, con la colaboración de la Escuela de Bellas Artes y Música del centro histórico de Cartagena.

3) Baile y Danza: el baile moderno, tal y como se pone en práctica en la Escuela de Baile y del Cuerpo, puede encontrar un nuevo modo de desarrollo. También en el caso del baile tradicional, que puede tener lugar, no solo en las fiestas locales, sino además, de manera más organizada, en los teatros del centro histórico (Teatro Heredia), o en las calles de la ciudad. El trazado urbano de Cartagena es un lugar muy sugerente, donde pueden tener lugar eventos artísticos organizados por el NCC, estimulando la ampliación de la percepción espacial de Cartagena por parte de la población y del turismo.

4) Materiales: son laboratorios que, beneficiándose de la futura existencia de la Facultad de Diseño, pueden representar un papel muy importante en la diseminación de las nuevas técnicas de producción y uso de nuevos materiales y de las nuevas tendencias del diseño. Ya han expresado su interés en colaborar la Asociación de Productores de Esmeralda y Joyería y las asociaciones de artesanos de San Jacinto y de Monpós, que animarán a sus miembros a participar en las iniciativas educativas y promocionales del NCC.

5) Pintura: Incluye un laboratorio ligado a una futura residencia de artistas en el que la expresión artística se perciba como estímulo para la redefinición de la identidad local. De manera inversa, la producción artística del NCC puede encontrar un escaparate privilegiado en el centro histórico de Cartagena, no solo en los espacios expositivos tradicionales (Museo de Arte Moderno), sino también, y sobre todo, en otros lugares (viviendas, calles, hoteles, bibliotecas, Universidad, etc.) que favorezcan una visión razonada de un modo de expresión artísitica que recupere la identidad expresiva local.

El primer beneficiario de este tipo de actuaciones es la comunidad en su conjunto, porque se dirige a la reorientación identitaria y al crecimiento profesional de toda la sociedad cartagenera. En el caso del centro histórico, los beneficios van ligados al reforzamiento de las particularidades que lo hacen único, no solo por las magníficas infraestructuras, sino también por las expresiones culturales que puede ofrecer. En el ámbito internacional, la iniciativa se traduce en la capacidad de recuperar las características distintivas de la oferta turística, reparando los grandes errores derivados de un modelo imitativo (ver Bocagrande) insostenible a largo plazo. Los efectos son aún más beneficiosos en lo que se refiere a la comunidad local: recuperar su identidad, la dignidad de ser lo que se es y lo que distingue a Cartagena de otros lugares, mediante la adquisición de la conciencia de sí misma y del mundo que le rodea; recuperar el orgullo y el placer de consumir los productos propios, que son al mismo tiempo únicos, distintivos de la ciudad y de, al menos, igual calidad y belleza que lo que viene del exterior (y se impone subliminarmente). En definitiva, el aumento de las capacidades técnicas e intelectuales de la comunidad favorecerá una creciente demanda productiva/cultural de calidad, repercutiendo positivamente en el sistema productivo y favoreciendo en desarrollo endógeno de la comunidad desde el punto de vista económico, social, identitario y cultural.

Innovación cultural: capacidad de atraer productores culturales locales y foráneos para la revitalización creativa de áreas culturalmente relevantes

Cartagena de Indias. Arquitectura «estilo Miami» en la playa de Bocagrande

Se ha subrayado la importancia de una política sistemática de atracción del talento creativo externo. La actuación de referencia en este sentido es un programa de residencia de artistas que cubra un espectro relativamente amplio de disciplinas (artes visuales, escénicas, vídeo, literatura, etc.) y que permita, si es posible, la presencia simultánea de varios artistas en el mismo ámbito de actividad, aunque trabajen en proyectos diferentes.

La actividad artística puede acompañarse de un programa de animación cultural del territorio en el que las actividades educativas y culturales no se circunscriban a lugares cerrados, sino que tengan lugar en espacios públicos abiertos, incluyendo, además del centro histórico, las zonas más deprimidas. De este modo, los espacios públicos se convierten en lugares privilegiados de comunicación, donde los artistas invitados y los de la ciudad se implican en un programa continuado de eventos, capaz de involucrar a un buen número de instituciones culturales y educativas.

En este caso, como en los precedentes, el centro histórico de Cartagena se beneficiaría ampliamente de esta renovación cultural y productiva, favoreciendo la posibilidad de alargar la estancia de los visitantes y enriqueciendo y articulando los atractivos locales y los circuitos turísticos. El laboratorio de pintura y el Museo de Arte Moderno de Cartagena podrían albergar exposiciones de obras realizadas por los artistas, y las plazas públicas del centro histórico pueden convertirse en espacios expositivos de la producción artística local e internacional. Debe prestarse una atención especial al nuevo edificio del Museo Grau, no solo por su colección, sino también por su capacidad de ofrecer nuevas interpretaciones de dicha colección a la luz de los últimos desarrollos del arte contemporáneo.

En este caso parece incluso más evidente que el principal beneficiario del proyecto es la comunidad en su conjunto, no solo la parte de esta que ha adquirido ya la información y la capacidad necesaria para crear o consumir arte, sino también aquellos que carecen de momento de los instrumentos cognitivos necesarios. La iniciativa pretende atraer artistas a un lugar donde la producción contemporánea es prácticamente desconocida, posibilitando que la comunidad conozca la percepción artística de la realidad en todas sus formas expresivas posibles. Y esta «representación», ofrecida desde la perspectiva de muchos artistas de bagaje diferente, interactuando con la comunidad de forma reiterada, (en los laboratorios, los seminarios, los cursos del NCC, los museos y las instituciones educativas del centro histórico, las becas de residencia, etc.) favorecerá sin duda el desarrollo intelectual de los ciudadanos, y también del sistema productivo (por ejemplo en el caso de los artesanos, que entran en contacto con nuevas formas, nuevos empleos del color, nuevos signos y símbolos, etc.). Para ello se ha solicitado la colaboración del sector educativo (universidades públicas y privadas e instituciones de enseñanzas medias como la Escuela de Bellas Artes y Música, la Corporación Rafael Núñez, la Escuela Taller de Cartagena de Indias), del sector productivo (artesanos del oro, la plata, la esmeralda y el tejido), y del entretenimiento (teatros, sector turístico), así como exponentes de diversas iniciativas culturales y folclorísticas (Miss Colombia, Fiesta de la Independencia, Carnaval de Barranquilla).

La intención del NCC es estimular la redefinición de la identidad local mediante iniciativas artísticas que expresen las particularidades del territorio y, a la vez, se alimenten del mestizaje con iniciativas globales en los diversos ámbitos artísticos. Sus actividades de exposiciones y arte callejero en el centro histórico buscan reforzar la identidad local de la comunidad y redefinirla según modelos evolutivos sostenibles; mientras las actividades en la periferia permitirán reducir la presión sobre el centro y la propia sede del NCC ejercerá de elemento de regeneración de la zona, estimulando economías externas, construyendo infraestructuras y atrayendo visitantes. Además de apoyarse en las infraestructuras existentes, como la red de bibliotecas, museos y centros educativos, el NCC incluirá un centro polifuncional propio con una zona administrativa, laboratorios, aulas, almacenes y zonas expositivas. Además se construirá una residencia de artistas, a la que se añadirá la planeada facultad de diseño con su equipamiento correspondiente, y la incubadora de empresas.

Conclusiones

Habrá quien sonría condescendientemente al leer que San Luis, Denver, Linz o Cartagena de Indias son ciudades de referencia en las nuevas políticas de desarrollo local basadas en la cultura. Sobre todo en países de riquísimo patrimonio cultural, donde se piensa que no hay nada que aprender en este campo. Pero es un hecho que, hoy en día, la cultura más avanzada florece en contextos que no se caracterizan precisamente por sus glorias pasadas, y problablemente su dinamismo sea fruto del descubrimiento inprevisto de nuevas posibilidades. Es evidente que la geografía cultural del mundo está cambiando radicalmente y que no se puede vivir de las rentas indefinidamente. Hoy en día la cultura interacciona con el resto de aspectos de la vida comunitaria y, sobre todo, con la economía. Quien no lo entienda y, por el contrario, se aferre a las viejas lógicas, está condenado al desastre.

Pero tampoco hay por qué pensar que las ciudades que asociamos tradicionalmente con la cultura son incapaces de surfear en estas nuevas olas. Por ejemplo Italia, que es uno de los ejemplos más claros de país con un enorme patrimonio cultural y una clamorosa falta presente de dinamismo y capacidad innovadora, muestra enormes posibilidades de desarrollo económico basado en la cultura si es capaz de adaptar su modelo de distrito cultural clásico al nuevo escenario postindustrial. Si esto ocurriera podría convertirse en un magnífico laboratorio de desarrollo local planificado basado en la cultura y emprender fácilmente la reconversión a gran escala de los distritos industriales clásicos en distritos culturales sistémicos. La única condición para ello es que, al menos, uno de los agentes locales relevantes adquiera la visión estratégica necesaria, es decir: se tiene lo necesario y solo hace falta que alguien accione la palanca.

Lo mismo puede decirse de otros países y territorios en una situación similar e, incluso, cuando se carece de los ingredientes necesarios, es posible hacerlos emerger para luego avanzar otro peldaño. Es cierto que la cultura no es el único modelo de desarrollo económico contemporáneo, pero sí una opción que siempre debería tenerse en cuenta. De modo que esperamos impacientes nuevas iniciativas de desarrollo local y nuevas investigaciones que nos permitan comprender más profundamente estas dinámicas y diseñar los instrumentos necesarios para hacerlas funcionar.

Bibliografía

Bagnasco A. (1997), *Tre Italie. La problematica territoriale dello sviluppo italiano*, Il Mulino, Bolonia

Becattini G. (2000a), *Dal distretto industriale allo sviluppo locale. Svolgimento e difesa di un'idea*, Bollati Boringhieri, Turín

Becattini G. (2000b), *Il distretto industriale. Un nuovo modo di interpretare il cambiamento economico*, Rosenberg&Sellier, Turín

Becattini G. (ed.) (1987), *Mercato e forze locali. Il distretto industriale*, Il Mulino, Bolonia

Becattini, G. (2004) *Industrial Districts. A New Approach to Industrial Change*. Cheltenham: Edward Elgar.

Bellandi M. (1995-96), «Alcune riflessioni in tema di studio comparato e distretti industriali», *Sviluppo locale*, 2-3(2-3), 74-91

Bellandi M., Sforzi F. (2001), «La molteplicità dei sentieri di sviluppo locale», in G. Becattini et al., *Il caleidoscopio dello sviluppo locale*, Rosenberg & Sellier, Turín

Boari C. (2001), «Industrial cluster, focal firms, and economic dynamism: a perspective from Italy», WBI Working Paper 37186, Washington DC

Bontje, M., Musterd, S. (2009), *Creative Industries, Creative Class and Competitiveness: Expert opinions critically appraised*, Geoforum, Volume 40, Issue 5, September 2009, Pages 843-852.

Bourdieu, P. (1987) Distinction: A Social Critique of the Judgement of Taste. Cambridge, Mass.: Harvard University Press.

Bruni L. and Zamagni S. (2007), Civil Economy, Peter Lang, Oxford

Brusco S. and Paba S. (1997), «Per una storia dei distretti industriali italiani dal secondo dopoguerra agli anni novanta», en Barca F. (ed.) *Storia del capitalismo italiano dal dopoguerra ad oggi*, Donzelli, Roma

Casanova P., Pellegrini G. and Romagnano E. (2001), «Imprese e mercato del lavoro nei distretti industriali», in Signorini F. (ed.) *Lo sviluppo locale*, Meridiana libri, Corigliano

Colorado Business Committee for the Arts (2002), *Culture counts: The economic and social impact of metro Denver culture*, CBCA, Denver

Colorado Business Committee for the Arts (2006), *Economic activity study of metro Denver culture*, CBCA, Denver

Comunian, R. and Sacco P.L., (2006) «NewcastleGateshead: riqualificazione urbana e limiti della città creativa» (NewcastleGateshead: urban regeneration and limits of the creative city), in Archivio di Studi Urbani e Regionali, Fascicolo 87, pp. 5-34

Cozzi G. (2000), «La metamorfosi di un distretto industriale nel pensiero di G. Becattini», *Economia e politica industriale*, 107, 187-205

Davis, D.R., Weinstein D.E. (1996), «Does economic geography matter for international specialisation?», NBER Working Paper # 5706, Cambridge Mass

Dei Ottati G. (1995), *Tra mercato e comunità: aspetti concettuali e ricerche empiriche sul distretto industriale*, Franco Angeli, Milan

Dixit A. and Stiglitz J. (1997), «Monopolistic competition and optimum product diversity», *American Economic Review*, 67, 297-308

Eurobarometer (2007), *European Cultural Values*, Special Eurobarometer Series # 278, Bruselas

Ferilli, G., Sacco, P.L. and Tavano Blessi, G. (2011) Cities as Creative Hubs: From the Instrumental to the Functional Value of Culture-Led Local Development. In L. Fusco Girard and P. Nijkamp (eds.), Sustainable city and creativity. Farnham: Ashgate.

Florida, R. (2002), *The Rise of the Creative Class*, Basic Books, New York

Folloni G. and Gorla G. (2000), «Una modellizzazione del distretto industriale e della sua evoluzione», *Sviluppo locale*, 7(13), 33-52

Frank R. (2005), «Does absolute income matter?», in L. Bruni and P.L. Porta (eds.), *Economics and Happiness*, Oxford University Press, Oxford, 65-91

Frey B. and Stutzer A. (2001), *Happiness and economics: How the economy and institutions affect human well-being*, Princeton University Press, Princeton

Goglio S. (2001), «Relazioni locali e sovra-locali nell'industrializzazione italiana», en Becattini G. et al., *Il caleidoscopio dello sviluppo locale*, Rosenberg & Sellier, Turín

Gola C. and Mori A. (2001), «Concentrazione spaziale della produzione e specializzazione internazionale dell'industria italiana», in Signorini F. (ed.) *Lo sviluppo locale*, Meridiana libri, Corigliano

Goodman N. (1976), *Languages of Art: An Approach to the Theory of Symbols*, Hackett, Indianapolis

Haken H. (1977), *Sinergetics*, Springer, Berlín

KEA (2006), *The Economy of Culture in Europe*, KEA European Affairs, Bruselas

Krugman P. (1991), *Geography and trade*, MIT Press, Cambridge, Mass

Landry, C. 2000, *The Creative City: A Toolkit for Urban Innovators*, Earthscan, London

Lazzaretti L. (2001), «I processi di distrettualizzazione culturale della città d'arte: il cluster del restauro artistico di Firenze», *Sviluppo Locale*, 8(18), 61-85

Markusen, A. (2006) *Urban Development and the Politics of Creative Class: Evidence from the Study of Artists*, Environment and Planning A, 38, pp. 1921-1940.

Marshall A. (1920, 8th ed.), *Principles of Economics*, ed. Macmillan, Londres

Miles, S. (2005), Understanding the Cultural «Case»: Class, Identity, and the Regeneration of NewCastle Gateshead, Sociology, n. 39, 1019-1028.

Peck, J. (2005) *Struggling with the Creative Class*, International Journal of Urban and Regional Research, 29, pp. 740-770.

Porter M. (1998a), «Cluster and the new economic competition», *Harvard Business Review*, Noviembre-Diciembre, 77-90

Porter M. (1998b), «Building the microeconomic foundations of prosperity», en *On Competition*, Harvard Business School Press, Boston

Preite M. (ed.) (1998), *La valorizzazione del patrimonio culturale in Toscana: una valutazione di alcune esperienze*, Fondazione Michelucci, Florencia

Roodhouse, S. (2010) Cultural Quarters: Principles and Practice, second edition. Bristol. Intellect.

Sacco P.L., Tavano Blessi G., 2006, : «European culture capitals and local development strategies: comparing the Genoa 2004 and Lille 2004 cases», Homo Oeconomicus, 23, 3/4, pp 1 – 31.

Sacco, P. L., Ferilli, G., Pedrini, S. (2008), «System-Wide Cultural Districts: An Introduction From the Italian Viewpoint», in S. Kagan and V. Kirchberg (eds.), Sustainability: A New Frontier for the Arts and Cultures, VAS Verlag, Frankfurt, 400-460.

Sacco, P.L. (2010), *The Economics of Cultural Quarters*. Chapter 2 in Roodhouse, S. Cutural Quarters: Principles and Practive, second edition. Intellect, Bristol.

Sacco, P.L. and Segre, G. (2009) Creativity, Cultural Investment and Local Development: A New Theoretical Framework for Endogenous Growth. In U. Fratesi and L. Senn (eds.), Growth and innovation of competitive regions, pp. 281-294. Berlin: Springer.

Sacco, P.L. and Tavano Blessi, G. (2009) *The Social Viability of Culture-Led Urban Transformation Processes: Evidence from the Bicocca District, Milan*, Urban Studies, 46, pp. 1115-1135.

Sacco, P.L., Viviani, M. (2003), «Scarsità, benessere, libertà nel contesto dell'economia dell'identità», *Istituzioni e Sviluppo Economico*, 1, 2003, 5-41.

Sacco, P.L., Zarri, L. (2004), «Cultura, promozione della libertà positiva e integrazione sociale», *Economia della Cultura*, 4, 499-507

Santagata W. (2000), « Sarà a distretti la cultura del 2000», *Il Giornale dello Spettacolo*, n°185, february

Santagata W. (2002), «Cultural districts, property rights and sustainable economic growth», *International Journal of Urban and Regional Research*, 26, 9-23

Santagata W. (2006) «Cultural districts and their role in economic development», in V. Ginsbourg and D. Throsby (eds.), *Handbook on the Economics of Art and Culture*, North Holland, Amsterdam

Schlag K. (1998), «Why imitate, and if so, how? A boundedly rational approach to multi-armed bandits», *Journal of Economic Theory* 78, 130-156

Sen A. (2003), 'Development as capability expansion', foreword in Fukuda-Parr S. and Shiva Kumar A.K. (eds.), *Readings in Human*

Development. Concepts, Measures and Policies for a Human Development Paradigm, Oxford University Press, Oxford

Sen, A. (1999), *Development as Freedom*, Oxford University Press, Oxford

Sober E. and Wilson D.S. (1998), *Unto Others*, ed. Harvard University Press, Cambridge, Mass.

Sperber D. (1996), *La contagion des idées*, Odile Jacob, París

Sugden R. (1989), «Spontaneous order», *Journal of Economic Perspectives* 3, 85-97

Taylor M. (2006), Welcome to Newcastle, the UKS Capital of the Arts, December, 3074.

Throsby D. (2001), *Economics and Culture*, Cambridge University Press, Cambridge

Throsby, D. (1999), «Cultural Capital», *Journal of Cultural Economics*, 23, 3-12

Trullén J. and Boix R. (2001), «Economia della conoscenza e reti di città: città creative nell'era della conoscenza», *Sviluppo locale*, 8(18), 41-60

Valentino P. (2001), *I distretti culturali: nuove opportunità di sviluppo del territorio*, Associazione Civita, Roma

Valentino P. (2003), *Le trame del territorio*, Associazione Civita, Sperling & Kupfer Editori, Milán

Valentino P., Musacchio A., Perego F. (1999), *La storia al futuro: beni culturali, specializzazione del territorio e nuova occupazione*, Associazione Civita/Giunti, Florencia